Wok et Poêlées

PaRRagon

Bath · New York · Singapore · Hong Kong · Cologne · Delhi · Melbourne

Copyright © 2008 Parragon Books Ltd pour l'édition française

Réalisation : *In*Texte Édition, Toulouse

ISBN 978-1-4454-0117-1

Imprimé en Chine

NOTE

Une cuillère à soupe correspond à 15 à 20 g d'ingrédients secs et à 15 ml
d'ingrédients liquides. Une cuillère à café correspond à 3 à 5 g d'ingrédients
secs et à 5 ml d'ingrédients liquides. Sans autre précision, le lait est entier, les
œufs sont de taille moyenne et le poivre est du poivre noir fraîchement moulu.

Les temps de préparation et de cuisson des recettes pouvant varier en fonction,
notamment, du four utilisé, ils sont donnés à titre indicatif.

La consommation des œufs crus ou peu cuits n'est pas recommandée
aux enfants, aux personnes âgées, malades ou convalescentes
et aux femmes enceintes.

Sommaire

Introduction

S'il est une méthode de cuisson rapide, facile et pleine de ressources, c'est bien la cuisine au wok. En quelques minutes, vous mariez légumes, viandes, poissons, fruits de mer, tofu, riz et nouilles. Les combinaisons sont infinies grâce à toute une gamme d'huiles,  d'assaisonnements et de sauces, pour un résultat coloré, savoureux et diététique.

Le wok s'emploie pour la cuisson vapeur ou la friture, mais son utilisation première est le poêlage. Les ingrédients sont sans cesse remués lors de la cuisson avec de longues baguettes en bambou, une cuillère à wok ou une spatule.

Pour respecter le temps de cuisson et la saveur propre de chaque aliment, on procède en plusieurs étapes. Une fois cuits, les aliments sont retirés successivement du wok. Ils sont ensuite reversés dans le wok et mélangés.

Vous pourrez faire preuve de créativité dans le choix des ingrédients, même pour une simple poêlée. Un mélange d'oignons, de carottes, de poivrons, de brocolis et de pois mange-tout vous donnera une bonne base pour un plat coloré. Pour plus de consistance, ajoutez des germes de soja en fin de cuisson, ou des châtaignes d'eau délicieusement croquantes. Quelques noix de cajou ou amandes, quelques dés de tofu ou un peu de blanc de poulet, ou encore une poignée de crevettes, vous apporteront les protéines nécessaires à un repas équilibré. Ajoutez un peu de riz ou de nouilles pour un bon apport énergétique. La finition se fera grâce à une sauce prête à l'emploi (sauce d'huîtres ou sauce aux haricots jaune par exemple). Le gingembre et l'ail, eux, parfumeront à merveille votre poêlée.

Il existe de nombreuses variétés de piment, des plus doux aux plus piquants. Les Thaïlandais préfèrent le petit piment rouge ou vert appelé aussi « piment-oiseau », qui est extrêmement fort, et parfument leurs currys grâce à des pâtes de piment diablement épicées. Ils relèvent également leurs plats avec des piments séchés écrasés. On peut réduire le piquant d'un piment en l'épépinant et en ôtant les membranes. Coupez le piment frais en deux et grattez l'intérieur avec la pointe d'un couteau pour l'épépiner. Pour les piments séchés, coupez le bout et secouez pour faire sortir les pépins. Et n'oubliez pas de toujours vous laver les mains après avoir manipulé des piments !

Recettes de base

Bouillon de volaille

POUR 1,7 LITRE

un poulet de 1 kg, sans la peau

2 branches de céleri

1 oignon

2 carottes

1 gousse d'ail

quelques brins de persil frais

2 litres d'eau

sel et poivre

1 Mettre tous les ingrédients dans un fait-tout.

2 Porter à ébullition, en écumant la surface à l'aide d'une grande écumoire. Baisser le feu, couvrir partiellement et laisser cuire 2 heures. Laisser refroidir.

3 Chemiser une passoire avec une étamine et la poser sur une terrine. Verser le bouillon dans la passoire. Le poulet peut être réutilisé pour une autre recette. Jeter les autres ingrédients solides. Recouvrir le bouillon et le conserver au réfrigérateur.

4 Retirer l'excédent de graisse avant utilisation. Ce bouillon se conserve 3 à 4 jours avant utilisation, ou il peut être congelé en plusieurs portions.

Bouillon de poisson

POUR 1,7 LITRE

1 tête de cabillaud ou de saumon, etc., plus les restes, peau et arêtes, ou bien simplement les restes, peau et arêtes d'un poisson

1 ou 2 oignons, émincé(s)

1 carotte, coupée en rondelles

1 ou 2 branche(s) de céleri, émincée(s)

un bon filet de jus de citron

1 bouquet garni ou 2 feuilles de laurier fraîches ou sèches

1 Laver la tête et les restes de poisson. Les mettre dans un fait-tout. Les recouvrir d'eau et porter à ébullition.

2 Écumer la surface à l'aide d'une écumoire. Ajouter le reste des ingrédients. Couvrir et laisser mijoter 30 minutes.

3 Filtrer le bouillon. Laisser refroidir. Conserver au réfrigérateur et consommer dans les 48 heures.

Pâte de maïzena

La pâte de maïzena s'obtient en mélangeant 1 volume de maïzena avec environ 1 volume ½ d'eau froide. Remuer pour homogénéiser. Cette pâte s'utilise pour épaissir les sauces.

Bouillon de légumes

Conservez ce bouillon au réfrigérateur jusqu'à trois jours, ou au congélateur jusqu'à trois mois. Ne le salez pas à la cuisson : il vaut mieux en ajouter la quantité adaptée selon le plat dans lequel vous l'utiliserez.

POUR 1,5 LITRE

250 g d'échalotes

1 grosse carotte, coupée en dés

1 branche de céleri, hachée

½ bulbe de fenouil

1 gousse d'ail

1 feuille de laurier

quelques brins de persil et d'estragon frais

2 litres d'eau

poivre

1 Mettre tous les ingrédients dans un grand fait-tout et porter à ébullition.

2 Écumer la surface à l'aide d'une grande écumoire. Baisser le feu, couvrir partiellement et laisser mijoter 45 minutes. Retirer le fait-tout du feu et laisser refroidir.

3 Chemiser une passoire avec une étamine et la poser sur une grande terrine. Verser le bouillon dans la passoire. Jeter les fines herbes et les légumes.

4 Couvrir et conserver au réfrigérateur jusqu'à 3 jours, ou congeler en plusieurs portions.

Lait de coco frais

Pour faire du lait de coco frais à partir de noix de coco râpée, mettre environ 250 g de noix de coco râpée dans une terrine et verser par-dessus 600 ml d'eau bouillante environ, de façon à juste immerger la noix de coco. Laisser reposer 1 heure, puis filtrer le mélange dans une étamine, en essorant bien pour extraire autant de lait « épais » que possible. S'il vous faut de la crème de coco, laissez reposer, puis écumez la crème à la surface. Vous pouvez remplacer la noix de coco râpée par la même quantité de noix de coco déshydratée non sucrée.

Soupes et entrées

La soupe est un plat indispensable des repas asiatiques, surtout en Chine, au Japon, en Corée et dans toute l'Asie du Sud-Est. On la  mange généralement au milieu d'un repas pour nettoyer le palais et le préparer aux plats suivants. Il existe de nombreuses variétés de soupes, épaisses ou fluides, les plus liquides étant généralement agrémentées de raviolis chinois ou de boulettes de viande ou de légumes.

Les entrées ou en-cas sont des plats plus secs : les nems, fameux en-cas chinois, existent sous diverses formes en Extrême-Orient. On trouve d'autres délices enrobés dans de la pâte, du pain ou des galettes de riz, ou en brochettes. Légumes, viandes et poissons sont souvent frits, enveloppés ainsi d'un voile croustillant. Dans nos restaurants asiatiques, ces petits plats sont servis en entrée pour mettre les papilles en éveil en vue du plat principal.

soupe thaïe épicée aux crevettes

4 personnes

2 cuil. à soupe de pâte de tamarin

4 piments rouges thaïlandais,
  finement hachés

2 gousses d'ail, hachées

1 morceau de gingembre **frais**
  de 2,5 cm, épluché et finement
  émincé

4 cuil. à soupe de nuoc mam

2 cuil. à soupe de sucre de palme
  ou de sucre en poudre (extrafin)

8 feuilles de lime kafir

1,2 l de bouillon de poisson

100 g de carottes, coupées
  en rondelles très fines

225 g de crevettes roses (bouquets)

350 g de patates douces

100 g de mini-épis de maïs

3 cuil. à soupe de coriandre fraîche
  grossièrement ciselée

100 g de tomates cerises,
  coupées en deux

1 Mettre la pâte de tamarin, les piments, l'ail, le gingembre, le nuoc mam, le sucre, les feuilles de lime kafir grossièrement ciselées et le bouillon dans un grand wok préchauffé, et porter à ébullition en remuant.

2 Réduire le feu. Ajouter les carottes, les patates douces coupées en dés et les épis de maïs coupés en deux.

3 Laisser mijoter à feu doux sans couvrir 10 minutes, jusqu'à ce que les légumes soient tendres.

4 Ajouter en remuant la coriandre, les tomates cerises et les crevettes. Chauffer environ 5 minutes.

5 Verser la soupe dans des bols chauds et servir.

CONSEIL

Le gingembre thaïlandais,
ou galanga, est jaune
avec des germes roses.
Son goût est aromatique
et moins piquant
que le gingembre traditionnel.

soupe thaïe aux fruits de mer

4 personnes

1,2 l de bouillon de poisson

1 tige de lemon-grass,
  coupée en deux

zeste d'un demi-citron vert ou une
  feuille de lime kafir

4 oignons verts, émincées

1 morceau de gingembre frais
  de 2,5 cm, épluché et émincé

¼ de cuil. à café de purée
  de piment, à son goût

200 g de grosses crevettes crues,
  décortiquées

250 g de noix de Saint-Jacques
  (16 à 20 pièces)

2 cuil. à soupe de coriandre hachée

sel

piment rouge, haché

VARIANTE

Remplacez l'oignon vert
par de jeunes poireaux.
Utilisez aussi les feuilles vertes.

1 Verser le bouillon de poisson dans une casserole avec le lemon-grass, le zeste de citron vert ou la feuille de lime kafir, le gingembre et la purée de piment. Porter à ébullition. Baisser le feu, couvrir et laisser mijoter 10 à 15 minutes.

2 Couper les oignons verts en deux puis les couper finement en biais. Couper les crevettes dans la longueur en arrêtant avant la queue.

3 Filtrer le bouillon et le reverser dans la casserole. Laisser frémir. Ajouter l'oignon vert et cuire 2 à 3 minutes. Saler si nécessaire et ajouter éventuellement un peu de purée de piment.

4 Pocher les noix de Saint-Jacques et les crevettes 1 minute jusqu'à ce que les noix deviennent opaques et que les crevettes se rétractent.

5 Ajouter la coriandre et verser la soupe dans des bols chauds en répartissant régulièrement les fruits de mer. Garnir avec du piment rouge haché.

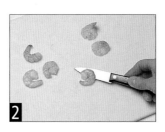

soupe de nouilles au crabe et maïs doux

4 personnes

1 cuil. à soupe d'huile de tournesol

1 cuil. à café de poudre
de cinq-épices chinois

225 g de carottes

75 g de petits pois

150 g de maïs doux en boîte

6 oignons verts, ébarbés et émincés

1 piment rouge, épépiné
et finement émincé

400 g de chair de crabe blanche
en boîte

175 g de nouilles aux œufs

1,7 l de bouillon de poisson

3 cuil. à soupe de sauce de soja
claire

1 Faire chauffer l'huile de tournesol
dans un grand wok préchauffé.

2 Y mettre la poudre de cinq-épices
chinois, les carottes coupées
en bâtonnets, le maïs doux, les petits
pois, les oignons et le piment, et faire
revenir environ 5 minutes.

3 Ajouter la chair de crabe et faire
sauter 1 minute.

4 Morceler grossièrement les nouilles
aux œufs et les ajouter
au mélange.

5 Verser le bouillon de poisson
et la sauce de soja sur le mélange
du wok, porter à ébullition.

6 Couvrir et laisser cuire à feu doux
5 minutes.

7 Verser la soupe dans des bols
chauds et servir.

soupe à la noix de coco et au crabe

4 personnes

1 cuil. à soupe d'huile d'arachide

2 cuil. à soupe de pâte de curry rouge

1 poivron rouge, émincé

600 ml de lait de coco

2 cuil. à soupe de nuoc mam

225 g de chair de crabe blanche

225 g de pinces de crabe fraîches
ou surgelées

600 ml de bouillon de poisson

2 cuil. à soupe de coriandre fraîche
ciselée

3 oignons verts, ébarbés et émincés

CONSEIL

Après utilisation, lavez le wok
à l'eau avec un détergent doux,
si nécessaire, et un chiffon ou une
brosse douce. Ne pas gratter ni
utiliser de produit abrasif car cela
en rayerait la surface. Le sécher
puis l'enduire d'un peu d'huile
afin de protéger sa surface
de l'humidité et de la rouille.

1 Faire chauffer l'huile dans
un grand wok préchauffé.

2 Faire revenir la pâte de curry
rouge et le poivron 1 minute.

3 Ajouter le lait de coco, le bouillon
de poisson et le nuoc mam, et
porter à ébullition.

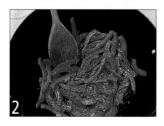

4 Ajouter la chair de crabe,
les pinces de crabe, la coriandre
et les oignons.

5 Bien mélanger et chauffer à feu
très vif 2 à 3 minutes.

6 Verser la soupe dans des bols
chauds et servir immédiatement.

soupe pimentée

4 personnes

15 g de champignons chinois séchés

2 cuil. à soupe d'huile de tournesol

1 oignon, émincé

100 g de pois mange-tout

100 g de pousses de bambou

3 cuil. à soupe de sauce
   au piment douce

1,2 l de bouillon de poisson
   ou de bouillon de légumes

3 cuil. à soupe de sauce de soja
   claire

2 cuil. à soupe de coriandre fraîche

450 g de filets de cabillaud,
   sans la peau et coupés en cubes

CONSEIL

Il existe de nombreuses variétés
de champignons séchés mais
les meilleurs sont les shiitake.
Ils sont assez chers mais
on les utilise en petite quantité.

---

1 Mettre les champignons
dans une grande terrine.
Recouvrir d'eau bouillante et laisser
tremper
5 minutes. Les égoutter soigneusement
et les découper grossièrement à l'aide

d'un couteau tranchant.

2 Faire chauffer l'huile de tournesol
dans un wok préchauffé.
Faire revenir l'oignon 5 minutes,
jusqu'à ce qu'il soit tendre.

3 Ajouter les pois, les pousses
de bambou, la sauce au piment,
le bouillon et la sauce de soja, et porter
à ébullition.

4 Ajouter la coriandre et les cubes de
poisson. Cuire à feu doux 5 minutes
jusqu'à ce que le poisson soit bien cuit.

soupe de champignons aigre-piquante

4 personnes

2 cuil. à soupe de pâte de tamarin

4 piments rouges thaïlandais, hachés

2 gousses d'ail, hachées

1 morceau de gingembre frais
de 2,5 cm, épluché et finement
émincé

4 cuil. à soupe de nuoc mam

2 cuil. à soupe de sucre de palme
ou de sucre en poudre (extrafin)

8 feuilles de lime kafir,
grossièrement ciselées

1,2 l de bouillon de légumes

100 g de carottes, coupées
en rondelles très fines

350 g de chou blanc, coupé
en lanières

225 g de champignons de Paris,
coupés en deux

100 g de haricots verts fins,
coupés en deux

3 cuil. à soupe de coriandre fraîche
grossièrement ciselée

100 g de tomates cerises, coupées
en deux

1 Mettre la pâte de tamarin, l'ail, les
piments thaïlandais, le gingembre ,
le nuoc mam, le sucre de palme, les
feuilles de lime kafir et le bouillon dans
un grand wok préchauffé. Porter à
ébullition en remuant.

2 Réduire le feu. Ajouter les carottes,
les champignons, le chou
et les haricots verts. Cuire à feu doux
sans couvrir 10 minutes, jusqu'à
ce que les légumes soient tendres.

3 Ajouter en remuant la coriandre
et les tomates cerises. Chauffer
5 minutes.

4 Verser la soupe dans des bols
chauds et servir chaud.

CONSEIL

Le tamarin est
l'un des ingrédients qui donnent
à la cuisine asiatique
son goût aigre-doux typique.

soupe de nouilles épicée au poulet

4 personnes

2 cuil. à soupe de pâte de tamarin

4 piments rouges thaïlandais,
  finement émincés

2 gousses d'ail, hachées

1 morceau de gingembre frais
  de 2,5 cm, épluché et finement
  émincé

4 cuil. à soupe de nuoc mam

2 cuil. à soupe de sucre de palme
  ou de sucre en poudre (extrafin)

8 feuilles de lime kafir, ciselées

1,2 l de bouillon de poulet

350 g de blancs de poulet, désossé

100 g de carottes, coupées
  en rondelles très fines

350 g de patates douces,
  coupées en dés

100 g de mini-épis de maïs

3 cuil. à soupe de coriandre fraîche
  grossièrement ciselée

100 g de tomates cerises,
  coupées en deux

150 g de nouilles de riz plates

coriandre fraîche, en garniture

1 Mettre la pâte de tamarin, l'ail, les piments thaïlandais, le gingembre, le nuoc mam, le sucre, les feuilles de lime kafir et le bouillon de poulet dans un grand wok préchauffé. Porter à ébullition sans cesser de remuer. Réduire le feu et cuire 5 minutes environ.

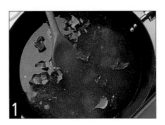

2 Ajouter le poulet découpé en tranches fines et cuire encore 5 minutes en remuant bien.

3 Réduire le feu, ajouter les carottes, les patates douces et les épis de maïs coupés en deux. Laisser cuire à feu doux sans couvrir 5 minutes jusqu'à ce que les légumes soient tendres et le poulet parfaitement cuit.

4 Ajouter en remuant la coriandre, les tomates cerises et les nouilles.

5 Laisser cuire la soupe à feu doux 5 minutes environ jusqu'à ce que les nouilles soient tendres.

6 Garnir la soupe de nouilles épicée au poulet de coriandre fraîche ciselée, poivrer et servir chaud.

omelette fourrée à l'aubergine

4 personnes

3 cuil. à soupe d'huile

1 gousse d'ail, finement hachée

1 petit oignon, finement haché

1 petite aubergine, coupée en dés

½ petit poivron vert, épépiné
   et coupé en dés

1 gros champignon noir séché,
   trempé, égoutté et émincé

1 tomate, coupée en dés

1 cuil. à soupe de sauce de soja claire

½ cuil. à café de sucre

¼ de cuil. à café de poivre noir
   moulu

2 gros œufs

feuilles de salade, rondelles
   de tomates et de concombre,
   en garniture

1 Faire chauffer la moitié de l'huile
   dans un wok. Faire revenir l'ail
à feu vif 30 secondes. Ajouter l'oignon
et l'aubergine et faire dorer.

CONSEIL

En préchauffant le wok avant d'y
verser l'huile et en faisant chauffer
l'huile avant d'y verser les œufs,
les aliments que vous y mettrez
n'attacheront pas à la poêle.

2 Incorporer le poivron et faire sauter
   encore 1 minute. Ajouter la tomate,
les champignons, la sauce de soja,
le sucre et le poivre. Retirer du feu
et réserver au chaud.

3 Battre les œufs. Faire chauffer
   le reste d'huile en la répartissant
bien et verser les œufs en les étalant
bien pour qu'ils couvrent le fond
de la poêle. Quand les œufs sont cuits,
disposer la farce au centre de l'omelette,
rabattre les bords pour lui donner
une forme carrée.

4 Faire délicatement glisser l'omelette
   dans un plat chaud et garnir
de feuilles de salade. Servir
immédiatement.

beignets de maïs épicés à la mode thaïe

4 personnes

225 g de maïs doux en boîte

2 piments rouges thaïlandais,
   épépinés et finement émincés

2 gousses d'ail, hachées

10 feuilles de lime kafir, finement
   ciselées

2 cuil. à soupe de coriandre fraîche
   ciselée

1 gros œuf

75 g de polenta

100 g de haricots verts fins, coupés
   en rondelles très fines

huile d'arachide, pour faire revenir

CONSEIL

Les feuilles de lime kafir ont
une saveur forte et citronnée. On
les trouve séchées ou fraîches dans
les boutiques asiatiques. Les feuilles
fraîches sont les plus savoureuses.

1 Mettre le maïs doux, les piments,
   l'ail, les feuilles de lime kafir,
la coriandre, l'œuf et la farine de maïs
dans une grande terrine et bien
mélanger.

2 Ajouter les haricots verts et bien
   remuer à l'aide d'une cuillère
en bois.

3 Former de petites boules avec le
   mélange. Les aplatir entre les
paumes des mains pour former
de petites galettes.

4 Faire chauffer un peu d'huile
   d'arachide dans un wok
préchauffé.

5 Cuire plusieurs beignets
   à la fois en les retournant
de temps en temps, jusqu'à
ce que leur surface soit dorée
et croustillante.

rouleaux de printemps aux légumes

4 personnes

225 g de carottes

1 poivron rouge

1 cuil. à soupe d'huile de tournesol,
   un peu plus pour faire revenir

75 g de germes de soja

zeste finement râpé et jus
   d'un citron vert

1 piment rouge

1 cuil. à soupe de sauce de soja
   claire

½ cuil. à café d'arrow-root

2 cuil. à soupe de coriandre fraîche
   ciselée

25 g de beurre

8 feuilles de pâte filo (pâte feuilletée
   grecque très fine)

2 cuil. à café d'huile de sésame

sauce au piment, pour servir

oignons verts, émincés, en garniture

1 Couper les carottes en fins bâtonnets. Épépiner le poivron rouge et l'émincer très finement.

2 Faire chauffer l'huile de tournesol dans un grand wok préchauffé.

3 Ajouter les carottes, le poivron et les germes de soja et cuire en remuant 2 minutes jusqu'à ce que les légumes soient tendres. Hors du feu, ajouter en faisant sauter le zeste et le jus de citron vert et le piment rouge.

4 Mélanger l'arrow-root à la sauce de soja. Ajouter au mélange en remuant, remettre sur le feu et cuire 2 minutes, afin que le jus épaississe.

5 Ajouter la coriandre et mélanger. Puis retirer le wok du feu.

6 Étaler les feuilles de pâte filo. Faire fondre le beurre, le mélanger à l'huile de sésame et passer ce mélange au pinceau sur chaque feuille de pâte.

7 Poser une cuillerée du mélange de légumes en haut de chaque feuille, rabattre les côtés et rouler.

8 Faire cuire dans le wok avec un peu d'huile plusieurs rouleaux à la fois 2 à 3 minutes, jusqu'à ce qu'ils soient croustillants.

9 Placer les rouleaux de printemps dans un plat. Garnir de brins d'oignons et servir chaud avec de la sauce au piment pour les y tremper.

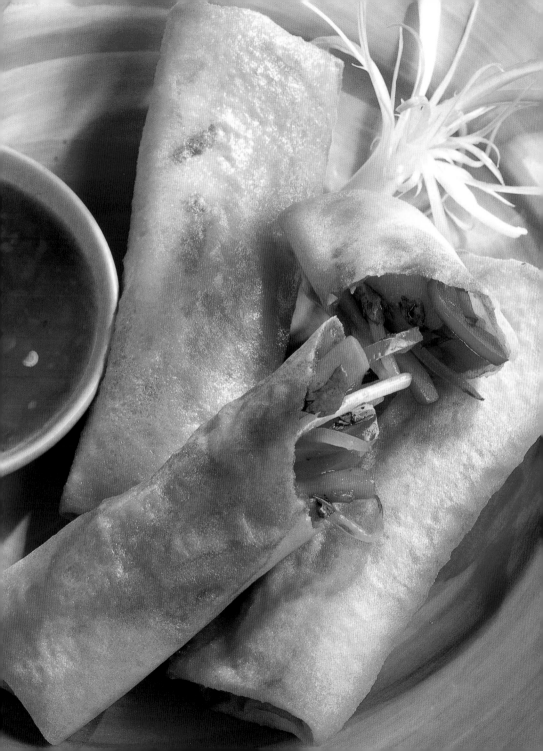

foies de poulet épicés au pak-choi

4 personnes

350 g de foies de poulet

2 cuil. à soupe d'huile de tournesol

1 piment rouge, épépiné
    et finement émincé

1 cuil. à café de gingembre râpé

2 gousses d'ail, hachées

2 cuil. à soupe de ketchup

2 cuil. à soupe de xérès

3 cuil. à soupe de sauce de soja

1 cuil. à café de maïzena

450 g de pak-choi

nouilles aux œufs, en
    accompagnement

1 À l'aide d'un couteau, dégraisser les foies de poulet et les couper en petits morceaux.

2 Faire chauffer l'huile dans un wok et faire sauter les morceaux de foies de poulet à feu vif, 2 à 3 minutes.

3 Ajouter le piment, le gingembre et l'ail et faire sauter 1 minute.

4 Mélanger le ketchup, le xérès, la sauce de soja et la maïzena dans un bol et réserver.

5 Mettre le pak-choi dans le wok et faire sauter jusqu'à ce qu'il flétrisse.

6 Ajouter le mélange au ketchup et faire cuire en remuant pour bien mélanger, jusqu'à ce que le jus commence à bouillonner.

7 Verser dans des bols et servir chaud accompagné de nouilles.

croustillant de pak-choi

4 personnes

1 kg de pak-choi

huile d'arachide, pour la friture
(environ 850 ml)

1 cuil. à café de sel

1 cuil. à soupe de sucre en poudre
(extrafin)

50 g de pignons grillés

1 Rincer les feuilles de pak-choi
à l'eau froide, puis les sécher
avec du papier absorbant.

2 Rouler chaque feuille de pak-choi
et couper le rouleau en tranches
fines afin d'obtenir de minces lanières
de feuilles.

3 Faire chauffer l'huile dans un wok
ou une sauteuse.

4 Ajouter les lanières de pak-choi et
faire revenir 30 secondes pour
qu'elles réduisent et deviennent
croustillantes (il peut être nécessaire
de les cuire en plusieurs fois).

5 Retirer les croustillants de pak-choi
du wok à l'aide d'une écumoire
et les égoutter sur du papier
absorbant.

6 Mettre les croustillants de pak-
choi dans un grand saladier,
ajouter le sel, le sucre et les pignons
et bien mélanger. Servir
immédiatement.

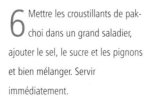

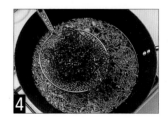

boulettes de poulet à la sauce de soja

4 personnes

2 gros blancs de poulet, sans peau

3 cuil. à soupe d'huile

2 échalotes, finement émincées

½ branche de céleri, émincée

2 cuil. à soupe de sauce de soja claire

1 gousse d'ail, hachée

1 petit œuf

1 botte d'oignons verts

sel et poivre

pompons d'oignons verts, en
garniture

SAUCE

3 cuil. à soupe de sauce
de soja épaisse

1 cuil. à soupe de vin de riz

1 cuil. à café de graines de sésame

2 minutes, jusqu'à ce qu'ils soient tendres mais non dorés.

3 Dans un robot de cuisine, mixer le poulet, l'échalote, le céleri et l'ail jusqu'à ce que tout soit finement haché. Ajouter une cuillerée à soupe de sauce de soja claire, le sel et le poivre et juste assez d'œuf pour rendre la préparation relativement ferme.

1 Couper le poulet en cubes de 2 cm. Faire chauffer la moitié de l'huile dans un wok ou une sauteuse et faire revenir le poulet 2 à 3 minutes à feu vif, jusqu'à ce qu'il soit doré. Retirer le poulet du wok et réserver.

2 Placer dans le wok l'échalote, l'ail et le céleri. Faire revenir 1 à

4 Éplucher les oignons verts, les couper en tronçons de 5 cm et les effiler en pompons. Pour faire la sauce, mélanger graines de sésame, vin de riz et sauce de soja épaisse. Réserver.

5 Diviser la préparation au poulet en 16 à 18 boulettes de la taille d'une noisette. Faire chauffer le reste d'huile dans le wok et faire sauter les boulettes de poulet 4 à 5 minutes, en plusieurs fournées, jusqu'à ce qu'elles soient dorées. Égoutter sur du papier absorbant et réserver au chaud.

6 Faire fondre les oignons verts dans le wok 1 à 2 minutes et ajouter la sauce de soja claire en remuant. Servir avec les boulettes de poulet et la sauce. Dresser le tout sur un plat et garnir avec les pompons d'oignon vert.

nems

4 personnes

1 cuil. à soupe d'huile de tournesol

1 poivron rouge, épépiné
    et finement émincé

75 g de germes de soja

zeste finement râpé et jus
    d'un citron vert

225 g de crevettes, décortiquées

1 piment rouge thaïlandais, épépiné
    finement émincé

1 morceau de gingembre frais
    de 1 cm, épluché et râpé

1 cuil. à soupe de nuoc mam

2 cuil. à soupe de coriandre ciselée

½ cuil. à café d'arrow-root

8 feuilles de pâte filo

25 g de beurre

2 cuil. à café d'huile de sésame

huile, pour faire revenir

sauce au piment, pour servir

oignons verts, en garniture

1 Faire chauffer l'huile de tournesol dans un wok préchauffé et faire revenir le poivron rouge et les germes de soja 2 minutes, jusqu'à ce que les légumes soient tendres.

2 Retirer le wok du feu et verser en remuant le zeste et le jus de citron vert, le piment rouge, les crevettes et le gingembre, et mélanger.

3 Mélanger le nuoc mam à l'arrow-root et ajouter au mélange en remuant. Remettre le wok sur le feu et cuire en remuant 2 minutes, jusqu'à ce que le jus épaississe. Ajouter la coriandre en faisant sauter et bien remuer.

4 Étaler les feuilles de pâte filo. Faire fondre le beurre et l'huile de sésame et en enduire chaque feuille.

5 Poser une cuillerée de la farce aux crevettes en haut de chaque feuille, rabattre les extrémités et rouler la pâte pour envelopper la farce.

6 Faire chauffer l'huile dans un wok. Cuire plusieurs rouleaux à la fois 2 à 3 minutes, jusqu'à ce qu'ils soient croustillants et dorés. Garnir de pompons d'oignons verts et servir chaud avec une sauce au piment.

gambas au piment et aux arachides

4 personnes

450 g de gambas, décortiqués
  en conservant la queue
1 cuil. à soupe de sauce au piment
3 cuil. à soupe de beurre
  de cacahuètes croquant
10 feuilles de pâte filo
25 g de beurre fondu
50 g de fines nouilles aux œufs
huile, pour faire revenir

1 À l'aide d'un couteau tranchant, pratiquer une incision horizontale dans le dos de chaque crevette. Appuyer sur les crevettes pour bien les aplatir.

2 Mélanger le beurre de cacahuètes et la sauce pimentée dans un petit bol. Badigeonner chaque crevette d'un peu de sauce.

3 Couper en deux chaque feuille de pâte filo et l'enduire de beurre fondu.

4 Enrober chaque crevette d'un morceau de pâte en repliant les bords pour l'envelopper.

5 Mettre les nouilles aux œufs dans une terrine, les recouvrir d'eau bouillante et laisser tremper 5 minutes. Égoutter soigneusement les nouilles et en lier 2 ou 3 autour de chaque crevette.

6 Faire chauffer l'huile dans un wok préchauffé. Cuire les crevettes 3 à 4 minutes jusqu'à ce qu'elles soient dorées et croustillantes.

7 Retirer les crevettes à l'aide d'une écumoire, les poser sur du papier absorbant et les laisser égoutter. Disposer sur des assiettes et servir chaud.

1

2

5

gâteaux de poisson à la mode thaïe

4 personnes

450 g de filets de cabillaud,
  sans la peau
2 cuil. à soupe de nuoc mam
2 piments rouges thaïlandais,
  épépinés et finement émincés
2 gousses d'ail, hachées
10 feuilles de lime kafir,
  finement émincées
2 cuil. à soupe de coriandre fraîche
  ciselée
1 gros œuf
25 g de farine
100 g de haricots verts fins, coupés
  en rondelles très fines
huile d'arachide, pour faire revenir

CONSEIL

Le nuoc mam salé, brun et
liquide est indispensable
à un goût authentique.
Au goût moins prononcé
que celui de la sauce de soja,
on le trouve dans les boutiques
asiatiques ou diététiques.

1 À l'aide d'un couteau tranchant, découper le cabillaud en cubes.

2 Mettre le poisson, le nuoc mam, les piments, l'ail, les feuilles de lime kafir, l'œuf, la coriandre et la farine dans un robot de cuisine et hacher finement.

3 Verser dans une grande terrine. Ajouter les haricots et mélanger.

4 Former de petites boulettes et les aplatir entre les paumes des mains pour former des galettes.

5 Faire chauffer un peu d'huile dans un wok préchauffé. Faire revenir les gâteaux de poisson des deux côtés, jusqu'à ce qu'ils soient dorés et croustillants à l'extérieur.

6 Disposer les gâteaux de poisson sur des assiettes et servir chaud.

omelette aux crevettes

4 personnes

3 cuil. à soupe d'huile de tournesol

2 poireaux, ébarbés et émincés

25 g de maïzena

350 g de crevettes tigrées (roses)
   crues

1 cuil. à café de sel

175 g de germes de soja

175 g de champignons, émincés

6 œufs

poireaux frits (facultatif),
   en garniture

1 Faire chauffer l'huile dans un wok
   préchauffé. Ajouter les poireaux
et les faire revenir 3 minutes.

2 Rincer les crevettes à l'eau froide
   et les sécher avec du papier
absorbant.

3 Mélanger la maïzena et le sel
   dans une grande terrine.

4 Ajouter les crevettes au mélange
   de maïzena et de sel et remuer
pour qu'elles en soient enrobées.

5 Mettre les crevettes dans le wok
   et les faire revenir 2 minutes,
jusqu'à ce qu'elles soient presque cuites.

6 Ajouter les champignons et les
   germes de soja et faire sauter
encore 2 minutes.

7 Battre les œufs avec 3 cuillerées
   à soupe d'eau froide. Verser ce
mélange dans le wok et cuire jusqu'à
ce que les œufs prennent, en
retournant une fois avec précaution.
Poser l'omelette sur un plan de travail
propre et la couper en 4. Garnir
éventuellement de poireaux frits
et servir.

toasts de crevettes roses au sésame

4 personnes

4 tranches moyennes de pain de mie

225 g de crevettes roses, cuites
et décortiquées

1 cuil. à soupe de sauce de soja
claire

2 gousses d'ail, hachées

1 cuil. à soupe d'huile de sésame

1 œuf

25 g de graines de sésame

huile, pour faire revenir

sauce au piment douce,
en accompagnement

CONSEIL

Faites frire les triangles en 2 fois,
en gardant la première fournée
au chaud pendant que vous
préparez la seconde,
pour éviter qu'ils se collent
ou qu'ils soient trop cuits.

1 Ôter, selon son goût, la croûte du
pain et réserver les tranches.
Placer les crevettes, la sauce de soja,
l'ail, l'huile de sésame et l'œuf dans
un robot de cuisine et mixer jusqu'à
obtention d'une pâte lisse.

2 Répartir la pâte aux crevettes sur
les 4 tranches de pain. Parsemer le
mélange aux crevettes de graines de
sésame et bien appuyer avec les mains
pour qu'elles adhèrent.

3 Couper les tranches de pain
en biais pour obtenir 4 triangles.

4 Faire chauffer l'huile dans un wok
et faire sauter les toasts, les graines
de sésame à l'extérieur, 4 à 5 minutes
jusqu'à ce qu'ils soient dorés
et croustillants. Retirer les toasts à l'aide
d'une écumoire, les poser sur du papier
absorbant et les égoutter soigneusement.
Servir chaud accompagné de sauce
au piment douce pour tremper les toasts.

crevettes roses poivre et sel

4 personnes

2 cuil. à café de sel

1 cuil. à café de poivre noir

2 cuil. à café de grains de poivre
de Sichuan

1 cuil. à café de sucre

450 g de crevettes tigrées (roses)
crues, décortiquées

2 cuil. à soupe d'huile d'arachide

1 piment rouge, épépiné
et finement émincé

1 cuil. à café de gingembre râpé

3 gousses d'ail, hachées

oignons verts, émincés

chips aux crevettes

CONSEIL

Les crevettes tigrées sont très
répandues. Outre leur saveur
et leur couleur, leur chair ferme
est appréciée. Si vous les utilisez
cuites, ajoutez-les avec le mélange
de sel et de poivre à l'étape 4.
Si elles sont mises à cuire plus tôt,
elles deviendront immangeables.

1 Piler le sel, le poivre noir
et les grains de poivre de Sichuan
dans un mortier.

2 Ajouter le sucre au mélange
et réserver.

3 Rincer les crevettes à l'eau froide
et les sécher avec du papier
absorbant.

4 Faire chauffer l'huile dans un wok
préchauffé.

5 Ajouter les crevettes, le piment,
le gingembre et l'ail, et faire
sauter 4 à 5 minutes jusqu'à ce que
les crevettes soient parfaitement cuites.

6 Ajouter le mélange de sel
et de poivre dans le wok
et faire sauter 1 minute.

7 Verser dans des bols chauds
et garnir d'oignon vert. Servir
chaud avec des chips aux crevettes
en accompagnement.

nems végétariens

4 personnes

25 g de vermicelle transparent

2 cuil. à soupe d'huile d'arachide

2 gousses d'ail, hachées

¼ de cuil. à café de gingembre frais râpé

80 g de pleurotes, finement émincés

2 oignons verts, émincés

60 g de germes de soja

1 petite carotte, finement râpée

½ cuil. à café d'huile de sésame

1 cuil. à soupe de sauce de soja claire

1 cuil. à soupe de vin de riz ou de xérès sec

24 galettes de riz carrées

½ de cuil. à café de poivre noir moulu

1 cuil. à soupe de coriandre fraîche

1 cuil. à soupe de menthe fraîche hachée

½ cuil. à café de maïzena

huile d'arachide, pour la friture

1 Placer le vermicelle dans une terrine résistant à la chaleur et couvrir entièrement d'eau bouillante. Laisser tremper 4 minutes. Égoutter, rincer à l'eau froide et égoutter de nouveau. Couper en morceaux de 5 cm de long.

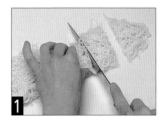

2 Faire chauffer à feu vif l'huile dans un wok ou une sauteuse. Ajouter l'ail, le gingembre, les pleurotes, les germes de soja, les oignons et la carotte, puis faire sauter 1 minute, jusqu'à ce que le mélange soit fondant.

3 Ajouter l'huile de sésame, la sauce de soja, le vin de riz, le poivre, la coriandre et la menthe, puis retirer du feu. Incorporer le vermicelle en remuant.

4 Disposer les galettes de riz sur un plan de travail, un angle dirigé vers soi. Délayer la maïzena dans une cuillerée à soupe d'eau. Badigeonner les bords de la galette avec la pâte obtenue. Déposer un peu de farce dans l'angle de la galette orienté vers soi.

5 Replier l'angle de la galette sur la farce, puis rabattre les angles latéraux vers l'intérieur et rouler ensuite complètement le rouleau, en humectant le dernier angle d'un peu de pâte de maïzena pour bien le maintenir fermé.

6 Faire chauffer l'huile à 200 °C dans un wok ou une sauteuse. Y déposer les rouleaux et les faire frire 2 à 3 minutes, en plusieurs fournées, jusqu'à ce qu'ils soient dorés et croustillants. Servir chaud.

aubergines au sept-épices

4 personnes

450 g d'aubergines

1 blanc d'œuf

50 g de maïzena

1 cuil. à café de sel

1 cuil. à soupe d'assaisonnement
thaïlandais au sept-épices

huile, pour la friture

CONSEIL

La meilleure huile de friture
est l'huile d'arachide dont
le point de fumée est élevé
et le goût léger, elle ne brûlera
ni n'altérera les aliments.
600 ml suffisent.

1 À l'aide d'un couteau tranchant,
couper les aubergines en fines
rondelles. Les mettre dans une
passoire, saupoudrer de sel et laisser
dégorger 30 minutes.

2 Rincer les rondelles d'aubergine
et les sécher à l'aide de papier
absorbant.

3 Mettre le blanc d'œuf dans
une jatte et le battre jusqu'à
ce qu'il soit léger et mousseux.

4 Mélanger la maïzena, le sel
et la poudre de sept-épices
sur une grande assiette.

5 Faire chauffer l'huile de friture
dans un wok.

6 Tremper les morceaux
d'aubergine dans le blanc d'œuf
battu, puis les passer dans le mélange
de maïzena.

7 Frire plusieurs morceaux
d'aubergines à la fois 5 minutes,
jusqu'à ce qu'ils soient légèrement
dorés et croustillants.

8 Égoutter les morceaux d'aubergine
sur du papier absorbant. Disposer
sur des assiettes et servir chaud.

Volailles et viandes

Dans les pays d'Extrême-Orient, la viande coûte cher, aussi est-elle consommée en plus petite quantité qu'en Occident. Cependant, lorsqu'elle est utilisée, la viande est exploitée au maximum de son potentiel : marinée ou épicée, mélangée à d'autres saveurs succulentes, de sorte que l'éventail gustatif soit le plus large possible.

En Malaisie, on dispose d'un très grand choix de viandes épicées, reflétant la diversité des origines ethniques de la population. En Chine, volailles, agneau, bœuf ou porc sont saisis ou cuits à la vapeur dans un wok puis mélangés à différents assaisonnements ou sauces. Au Japon, la viande doit généralement mariner avant d'être saisie dans un wok à feu très vif, ou mijotée dans du bouillon. Les plats thaïlandais, eux, sont faits avec de la viande plus maigre et plus savoureuse, grâce à une politique nationale en faveur de l'élevage fermier.

curry de poulet à la noix de coco

4 personnes

2 cuil. à soupe d'huile de tournesol

450 g de cuisses ou de blancs
de poulet, désossés
et sans la peau

150 g de gombos

1 gros oignon, émincé

2 gousses d'ail, hachées

3 cuil. à soupe de pâte de curry douce

300 ml de bouillon de poulet

1 cuil. à soupe de jus de citron frais

100 g de noix de coco, râpée

175 g d'ananas frais ou en boîte,
coupé en cubes

150 ml de yaourt nature ferme

2 cuil. à soupe de coriandre fraîche
ciselée

riz nature, en accompagnement

GARNITURE

quartiers de citron

brins de coriandre fraîche

1 Faire chauffer l'huile de tournesol
dans un wok préchauffé. Couper
le poulet en cubes. Ajouter dans le wok
et cuire en remuant fréquemment,
jusqu'à ce qu'il soit doré.

2 Découper les gombos. Ajouter l'ail,
l'oignon et les gombos au poulet
et cuire encore 2 à 3 minutes en remuant.

3 Mélanger la pâte de curry
au bouillon de poulet et au jus
de citron, et verser dans le wok. Porter
à ébullition, couvrir et laisser mijoter
à feu doux 30 minutes.

4 Incorporer la noix de coco râpée
au curry et cuire 5 minutes.

5 Ajouter l'ananas, le yaourt
et la coriandre, et chauffer
2 minutes en remuant. Garnir et servir
chaud accompagné de riz.

poulet sauté au gingembre

4 personnes

2 cuil. à soupe d'huile de tournesol

1 oignon, émincé

175 g de carottes, coupées en
julienne

1 gousse d'ail, hachée

1 cuil. à café de gingembre en poudre

350 g de blancs de poulet, désossés
et sans la peau

2 cuil. à soupe de gingembre frais
râpé

4 cuil. à soupe de xérès doux

1 cuil. à soupe de concentré
de tomates

1 cuil. à soupe de sucre roux

100 ml de jus d'orange

1 cuil. à café de maïzena

1 orange, épluchée et en quartiers

ciboulette fraîche, ciselée

1 Faire chauffer l'huile dans un wok
préchauffé. Ajouter l'oignon, l'ail
et les carottes et faire revenir à feu vif
3 minutes jusqu'à ce que les légumes
commencent à être tendres.

2 Couper le poulet en fines lanières.
Les ajouter au wok avec
le gingembre frais et le gingembre en
poudre. Faire revenir encore
10 minutes, jusqu'à ce que le poulet
soit bien cuit et doré.

3 Mélanger dans une terrine
le xérès, le concentré de tomates,
le sucre, le jus d'orange et la maïzena.
Verser ce mélange dans le wok et cuire
jusqu'à ce que le tout commence

à bouillonner et que le jus commence
à épaissir.

4 Ajouter les quartiers d'orange
et retourner avec précaution pour
les mélanger au reste.

5 Remplir des bols chauds du poulet
sauté et garnir de ciboulette
fraîche. Servir immédiatement.

sauté de poulet au trio de poivrons

4 personnes

450 g de blancs de poulet, désossés
et sans la peau

2 cuil. à soupe d'huile de tournesol

1 gousse d'ail, hachée

1 cuil. à soupe de graines de cumin

1 cuil. à soupe de gingembre
frais râpé

1 piment rouge, épépiné et émincé

1 poivron rouge, épépiné et émincé

1 poivron vert, épépiné et émincé

1 poivron jaune, épépiné et émincé

100 g de germes de soja

350 g de pak-choi ou autre légume
vert

2 cuil. à soupe de sauce
au piment douce

3 cuil. à soupe de sauce
de soja claire

GARNITURE

gingembre frit et croustillant
(*voir* « conseil »)

1 Couper les blancs de poulet en fines lanières.

2 Faire chauffer l'huile dans un grand wok préchauffé.

3 Faire revenir le poulet dans le wok 5 minutes.

4 Ajouter l'ail, les graines de cumin, le gingembre et le piment, en remuant pour bien mélanger.

5 Ajouter les poivrons et faire cuire encore 5 minutes.

6 Ajouter les germes de soja et le pak-choi mélangés à la sauce au piment douce et continuer à cuire jusqu'à ce que les feuilles de pak-choi commencent à se flétrir.

7 Verser dans des bols chauds et garnir de gingembre frit (*voir* « conseil »).

CONSEIL

Pour faire la garniture
de gingembre frit, épluchez
et coupez en tranches fines,
un gros morceau de gingembre
frais, jetez avec précaution
les tranches de gingembre dans
un wok ou une petite poêle d'huile
chaude et cuire 30 secondes
environ. Retirez les morceaux
à l'aide d'une écumoire,
posez-les sur du papier absorbant
et égouttez-les soigneusement.

poulet aigre-doux à la mangue

4 personnes

1 cuil. à soupe d'huile de tournesol

6 cuisses de poulet, désossées
   et sans la peau

1 mangue mûre

2 gousses d'ail, hachées

225 g de poireau, émincé

100 g de germes de soja

150 ml de jus de mangue

1 cuil. à soupe de vinaigre
   de vin blanc

2 cuil. à soupe de miel d'acacia

2 cuil. à soupe de ketchup

1 cuil. à café de maïzena

1 Faire chauffer l'huile de tournesol dans un grand wok préchauffé.

2 À l'aide d'un couteau tranchant, couper le poulet en cubes.

3 Faire revenir le poulet 10 minutes à feu vif en le retournant souvent, jusqu'à ce qu'il soit parfaitement cuit et doré.

4 Pendant ce temps, éplucher et couper la mangue en tranches.

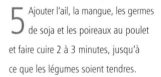

5 Ajouter l'ail, la mangue, les germes de soja et les poireaux au poulet et faire cuire 2 à 3 minutes, jusqu'à ce que les légumes soient tendres.

6 Mélanger dans un verre gradué le jus de mangue, le vinaigre de vin, le miel et le ketchup avec la maïzena.

7 Verser le mélange au jus de mangue et à la maïzena dans le wok et faire cuire encore 2 minutes, jusqu'à ce que la sauce commence à épaissir.

8 Disposer dans un plat chaud et servir immédiatement.

sauté de poulet aux légumes verts

2 cuil. à soupe d'huile de tournesol

450 g de blancs de poulet, désossés
et sans la peau

2 gousses d'ail, hachées

1 poivron vert

100 g de pois mange-tout

6 oignons verts, émincés, un peu
plus (facultatif) en garniture

160 g de sauce aux haricots jaune

225 g de légumes verts de saison
ou de chou, coupé en lanières

50 g de noix de cajou, grillées

1 Faire chauffer l'huile de tournesol
dans un grand wok préchauffé.

2 À l'aide d'un couteau tranchant,
couper le poulet en fines lamelles.

3 Faire revenir le poulet dans le
wok avec l'ail 5 minutes, jusqu'à
ce qu'il soit saisi de tous les côtés
et commence à dorer.

4 À l'aide d'un couteau tranchant,
épépiner le poivron vert
et le couper en fines lanières.

5 Ajouter les pois mange-tout,
les oignons, les lanières de poivron
vert et le chou au poulet. Faire cuire
encore 5 minutes, jusqu'à ce que
les légumes soient juste tendres.

6 Ajouter en remuant la sauce
aux haricots jaune et chauffer
2 minutes environ, jusqu'à ce que
le mélange commence à bouillonner.

7 Ajouter les noix de cajou grillées.
Retirer le wok du feu.

8 Disposer le sauté de poulet,
aux légumes verts sur des
assiettes chaudes et garnir d'oignon
vert. Servir immédiatement.

sauté de poulet, de poivron et d'orange

4 personnes

3 cuil. à soupe d'huile de tournesol

350 g de cuisses de poulet,
    désossées, sans la peau
    et coupées en fines lanières

1 oignon, émincé

1 gousse d'ail, hachée

1 poivron rouge, émincé

75 g de pois mange-tout

4 cuil. à soupe de sauce de soja claire

4 cuil. à soupe de xérès

zeste râpé et jus d'une orange

1 cuil. à soupe de concentré
    de tomates

1 cuil. à café de maïzena

2 oranges

100 g de germes de soja

riz cuit ou nouilles aux œufs,
    en accompagnement

CONSEIL

Les germes de soja sont
des pousses de haricot mungo.
Éléments de base de la cuisine
chinoise, ils cuisent
très rapidement et peuvent
même être consommés crus.

1 Faire chauffer l'huile de tournesol dans un wok préchauffé. Verser les lanières de poulet. Faire saisir la viande 3 minutes.

2 Ajouter les rondelles d'oignon, l'ail, le poivron et les pois mange-tout. Faire revenir le tout 5 minutes, jusqu'à ce que les légumes soient tendres et que le poulet soit parfaitement cuit.

3 Mélanger dans un verre gradué la sauce de soja, le xérès, le concentré de tomates, le zeste et le jus d'orange, et la maïzena. Ajouter ce mélange au wok et cuire, sans cesser de remuer, jusqu'à ce que le jus épaississe.

4 Éplucher et couper les oranges en quartiers. Ajouter les quartiers d'orange et les germes de soja dans le wok et chauffer encore 2 minutes.

5 Disposer le sauté dans des assiettes et servir accompagné de riz ou de nouilles.

poulet rouge thaïlandais aux tomates cerises

4 personnes

1 cuil. à soupe d'huile de tournesol

450 g de poulet, désossé
et sans la peau

2 gousses d'ail, hachées

2 cuil. à soupe de pâte
de curry rouge thaïlandais

1 cuil. à soupe de pâte de tamarin

2 cuil. à soupe de galanga ou de
gingembre frais fraîchement râpé

4 feuilles de lime kafir

225 g de patates douces

600 ml de lait de coco

225 g de tomates cerises

3 cuil. à soupe de coriandre
fraîche ciselée

riz parfumé ou thaï, cuit,
en accompagnement

1 Faire chauffer l'huile de tournesol dans un grand wok préchauffé.

2 Couper le poulet en fines lanières. Mettre dans le wok et faire revenir 5 minutes.

3 Ajouter l'ail, la pâte de curry, le galanga ou le gingembre frais, le tamarin et les feuilles de lime kafir et faire cuire 1 minute.

4 Peler et couper en dés les patates douces.

5 Ajouter le lait de coco et la patate douce dans le wok et porter à ébullition. Laisser frémir à feu moyen 20 minutes, jusqu'à ce que le jus commence à épaissir et à réduire.

6 Ajouter les tomates cerises coupées en deux et la coriandre au curry, et cuire encore 5 minutes en remuant de temps en temps. Disposer dans des assiettes et servir chaud accompagné de riz parfumé ou thaï.

poulet chop suey

4 personnes

4 cuil. à soupe de sauce de soja claire

2 cuil. à café de sucre roux

500 g de blancs de poulet,
    désossés et sans la peau

3 cuil. à soupe d'huile

2 oignons, coupés en quartiers

2 gousses d'ail, hachées

350 g de germes de soja

3 cuil. à café de maïzena

3 cuil. à soupe d'eau

425 ml de bouillon de volaille

poireau ciselé, en garniture

1 Mélanger la sauce de soja et le sucre, jusqu'à dissolution du sucre.

2 Découper le poulet en fines lanières. Mettre la viande dans un plat creux et arroser avec la sauce de soja. Laisser mariner au réfrigérateur 20 minutes.

3 Faire chauffer l'huile dans un wok ou une sauteuse et faire dorer le poulet 2 à 3 minutes. Ajouter l'ail, les oignons et faire cuire 2 minutes. Ajouter les germes de soja, laisser cuire 4 à 5 minutes puis ajouter l'huile de sésame.

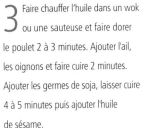

4 Délayer la maïzena dans l'eau pour former une pâte lisse. Incorporer le bouillon dans le wok, puis la pâte de maïzena et porter à ébullition, sans cesser de remuer, jusqu'à ce que la sauce ait épaissi et soit onctueuse. Disposer le poulet dans un plat de service chaud, garnir de poireau et servir immédiatement.

poulet à la sauce aux haricots jaune

4 personnes

450 g de blancs de poulet,
   désossés et sans la peau
1 blanc d'œuf, légèrement battu
1 cuil. à soupe de maïzena
1 cuil. à soupe de sauce de soja claire
1 cuil. à soupe de vinaigre de vin
   de riz
1 cuil. à café de sucre en poudre
3 cuil. à soupe d'huile
1 gousse d'ail, hachée
1 morceau de gingembre frais
   de 1 cm, râpé
1 poivron vert, épépiné et émincé
2 gros champignons, émincés
3 cuil. à soupe de sauce
   aux haricots jaune
lanières de poivron vert ou jaune,
   en garniture

VARIANTE

La sauce aux haricots brune
conviendra également.
Le goût sera comparable à celui
de la sauce aux haricots jaune
et seul l'aspect du plat,
plus coloré, différera.

1 Dégraisser complètement le poulet et le découper en cubes de 2,5 cm.

2 Battre le blanc d'œuf et la maïzena dans une terrine. Incorporer le poulet et remuer pour bien enrober la viande. Réserver 20 minutes.

3 Mélanger le vinaigre, la sauce de soja et le sucre en poudre dans un bol.

4 Retirer le poulet du blanc d'œuf battu à l'aide d'une écumoire.

5 Faire chauffer l'huile dans un wok préchauffé ou une sauteuse et faire dorer le poulet 3 à 4 minutes. Le retirer à l'aide d'une écumoire et réserver au chaud.

6 Ajouter le gingembre, le poivron, l'ail et les champignons dans le wok. Faire revenir 1 à 2 minutes.

7 Ajouter la sauce aux haricots jaune. Faire mijoter 1 minute. Ajouter la sauce au vinaigre et remettre le poulet dans le wok. Laisser cuire 1 à 2 minutes, garnir de poivron vert ou jaune, et servir.

poulet aux haricots

4 personnes

225 g de haricots cornilles
   (à œil noir), mis à tremper
   une nuit et égouttés

1 cuil. à café de sel

2 oignons, hachés

2 gousses d'ail, hachées

1 cuil. à café de curcuma en poudre

1 cuil. à café de cumin en poudre

1 poulet de 1,250 kg, découpé
   en 8 morceaux

1 poivron vert, épépiné et haché

2 cuil. à soupe d'huile

1 morceau de gingembre frais
   de 2,5 cm, râpé

2 cuil. à café de graines
   de coriandre

½ cuil. à café de graines de fenouil

2 cuil. à café de garam masala

1 cuil. à soupe de coriandre fraîche
   hachée, en garniture

1 Mettre les haricots cornilles dans un wok ou une casserole avec le sel, les oignons, l'ail, le curcuma et le cumin. Immerger les haricots dans l'eau, porter à ébullition et laisser cuire 15 minutes.

2 Ajouter le poulet et le poivron vert aux haricots et porter à ébullition. Baiser le feu et laisser mijoter 30 minutes à feu doux. Les haricots doivent être tendres et, lorsqu'on pique les parties charnues du poulet avec un couteau, le jus qui s'en écoule doit être clair.

3 Dans un wok ou une poêle, faire chauffer l'huile et faire revenir le gingembre, les graines de coriandre et les graines de fenouil 30 secondes.

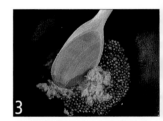

4 Incorporer les épices revenues au poulet et ajouter le garam masala. Laisser mijoter encore 5 minutes, garnir avec la coriandre hachée et servir immédiatement.

poulet braisé à l'ail et aux épices

4 personnes

4 gousses d'ail, hachées

4 échalotes

2 petits piments rouges, épépinés
et hachés

1 tige de lemon-grass, hachée

1 cuil. à soupe de feuilles
de coriandre hachées

1 cuil. à café de pâte de crevette

½ cuil. à café de cannelle
en poudre

1 cuil. à soupe de pâte de tamarin

2 cuil. à soupe d'huile

8 pilons ou petites cuisses
de poulet

300 ml de bouillon de volaille

1 cuil. à soupe de nuoc mam thaï

1 cuil. à soupe de beurre
de cacahuètes

sel et poivre

4 cuil. à soupe de cacahuètes
grillées concassées

1 Dans un mortier, piler l'ail
avec les échalotes, les piments,
le lemon-grass, la coriandre et la pâte
de crevette jusqu'à obtenir une pâte
épaisse et presque lisse. Ajouter
la cannelle et la pâte de tamarin.

2 Faire chauffer l'huile dans un wok
ou une grande sauteuse. Y faire
revenir les découpes de poulet en les
retournant fréquemment, jusqu'à ce
qu'elles soient bien dorées. Les retirer
du feu et réserver au chaud. Retirer
l'excès de graisse fondue du wok.

3 Verser dans le wok ou la sauteuse
la pâte aux épices et faire revenir
à feu moyen. Ajouter dans le wok
le bouillon en remuant, puis le poulet.

4 Porter à ébullition, puis couvrir
hermétiquement, réduire le feu
et laisser mijoter 25 à 30 minutes, en
remuant de temps en temps, jusqu'à ce
que le poulet soit tendre et cuit. Ajouter
le nuoc mam et le beurre de cacahuètes.
Laisser mijoter 10 minutes à feu doux.

5 Saler, poivrer et parsemer
de cacahuètes concassées.
Servir chaud, accompagné de légumes
sautés de couleurs vives et de nouilles.

poulet sauté au citron

4 personnes

4 blancs de poulet, désossés
et sans la peau

1 blanc d'œuf

25 g de graines de sésame

2 cuil. à soupe d'huile

1 oignon, émincé

zeste finement râpé et jus
d'un citron

1 cuil. à soupe de sucre roux

3 cuil. à soupe de lemon curd

200 g de châtaignes d'eau

GARNITURE

zeste de citron

CONSEIL

Les châtaignes d'eau sont
souvent ajoutées aux plats
chinois plus pour leur croquant
que pour leur goût, pas
très prononcé.

---

1 Placer les blancs de poulet entre
2 feuilles de film alimentaire
et, à l'aide d'un rouleau à pâtisserie,
les tapoter pour les aplatir.

2 Couper le poulet en fines lanières.
Monter le blanc d'œuf jusqu'à
obtenir une neige légère et mousseuse.

3 Enrober le poulet de blanc d'œuf,
et de graines de sésame.

4 Faire chauffer l'huile dans un wok
préchauffé.

5 Ajouter l'oignon et faire revenir
2 minutes, jusqu'à ce qu'il soit
juste tendre.

6 Ajouter les morceaux de poulet
recouverts de sésame et de blanc
d'œuf, et continuer à faire cuire environ
5 minutes, jusqu'à ce qu'ils soient dorés.

7 Mélanger le sucre, le zeste
de citron, le jus de citron
et le lemon curd et ajouter au poulet.
Laisser la pâte au citron bouillonner
doucement sans remuer.

8 Égoutter les châtaignes d'eau
et les couper en tranches fines.
Les ajouter au mélange dans le wok
et faire chauffer 2 minutes. Verser dans
des bols, garnir de zeste de citron
et servir chaud.

poulet sauté aux noix de cajou

4 personnes

450 g de blancs de poulet, désossés

2 cuil. à soupe d'huile

1 oignon rouge, émincé

100 g de noix de cajou

175 g de champignons de couche,
émincés

75 g de sauce aux haricots jaune

riz cantonais ou nature,
en accompagnement

coriandre fraîche, en garniture

CONSEIL

Pour un plat plus économique,
on peut utiliser des cuisses
de poulet désossées.

1 À l'aide d'un couteau tranchant,
retirer éventuellement la peau
des blancs de poulet. Les couper
en cubes.

2 Faire chauffer l'huile dans un
grand wok préchauffé ou une
sauteuse.

3 Faire revenir le poulet à feu
moyen 5 minutes.

4 Ajouter l'oignon rouge
et les champignons, et cuire encore
environ 5 minutes.

5 Disposer les noix de cajou sur
une plaque à pâtisserie et les faire
dorer sous un gril préchauffé à feu
moyen.

6 Incorporer les noix de cajou
grillées et la sauce aux haricots
jaune dans le wok et laisser la sauce
frémir 2 à 3 minutes.

7 Verser dans des bols chauds et
garnir de coriandre fraîche. Servir
accompagné de riz cantonais ou nature.

poulet poivré sauté aux haricots mange-tout

4 personnes

2 cuil. à soupe de ketchup

2 cuil. à soupe de sauce de soja
claire

450 g de blancs de poulet, désossés
et sans la peau

2 cuil. à soupe de grains de poivre
mélangé concassés

2 cuil. à soupe d'huile de tournesol

1 poivron rouge

1 poivron vert

175 g de haricots mange-tout

2 cuil. à soupe de sauce d'huître

VARIANTE

Vous pouvez également utiliser
des pois mange-tout.

1 Mélanger dans une terrine
le ketchup et la sauce de soja.

2 Couper le poulet en fines lanières.
Les tremper dans le mélange
de ketchup et de sauce de soja.

3 Répartir le poivre concassé sur
une assiette et y passer le poulet
pour l'en enrober.

4 Faire chauffer l'huile de tournesol
dans un wok préchauffé.

5 Faire revenir le poulet environ
5 minutes.

6 Épépiner et couper les poivrons
en lanières.

7 Ajouter les poivrons et les haricots
mange-tout dans le wok puis faire
cuire encore 5 minutes.

8 Ajouter la sauce d'huître
et laisser mijoter 2 minutes.
Verser dans des bols et servir
immédiatement.

poulet sauté au miel et aux germes de soja

4 personnes

2 cuil. à soupe de miel d'acacia

3 cuil. à soupe de sauce
de soja claire

1 cuil. à café de cinq-épices chinois

1 cuil. à soupe de xérès doux

1 gousse d'ail, hachée

8 cuisses de poulet

1 cuil. à soupe d'huile de tournesol

1 piment rouge

100 g de mini-épis de maïs

8 oignons verts, émincés

150 g de germes de soja

CONSEIL

La poudre de cinq-épices chinois
est un mélange aromatique
que l'on trouve en général
dans les supermarchés.

1 Mélanger dans une terrine
le miel, la sauce de soja, la poudre
de cinq-épices chinois, le xérès et l'ail.

2 Pratiquer 3 entailles dans la peau
de chaque cuisse de poulet.
Badigeonner les cuisses de poulet de la
marinade au miel et au soja et laisser
reposer au moins 30 minutes.

3 Faire chauffer l'huile dans un grand
wok préchauffé.

4 Faire revenir le poulet à feu assez
vif 12 à 15 minutes, jusqu'à ce
qu'il soit bien doré et commence à être
croustillant. Retirer le poulet du wok
à l'aide d'une écumoire.

5 À l'aide d'un couteau tranchant,
épépiner et émincer très finement
le piment.

6 Ajouter dans le wok le piment,
les épis de maïs coupés en deux,
les oignons et les germes de soja
et faire cuire 5 minutes.

7 Remettre le poulet dans le wok
et bien mélanger tous les
ingrédients, jusqu'à cuisson complète.

8 Disposer dans des assiettes
et servir immédiatement.

poulet sauté au piment et au basilic croquant

4 personnes

8 pilons de poulet

2 cuil. à soupe de sauce de soja

1 cuil. à soupe d'huile de tournesol

1 piment rouge

100 g de carottes, coupées
en julienne

6 branches de céleri, émincées

3 cuil. à soupe de sauce
au piment douce

huile, pour faire revenir

environ 50 feuilles fraîches
de basilic

1 Retirer, éventuellement, la peau des pilons de poulet. Pratiquer dans chaque pilon 3 entailles et badigeonner les pilons de sauce de soja.

2 Faire chauffer l'huile dans un wok préchauffé et faire revenir les pilons 20 minutes en les retournant fréquemment, jusqu'à ce qu'ils soient parfaitement cuits.

3 Épépiner et émincer finement le piment. Ajouter le piment, les carottes et le céleri au poulet et cuire 5 minutes. Ajouter en remuant la sauce au piment, couvrir et laisser mijoter doucement.

4 Faire chauffer de l'huile dans une sauteuse et ajouter avec précaution les feuilles de basilic – se tenir éloigné de la poêle et se protéger la main des projections d'huile. Cuire 30 secondes, jusqu'à ce qu'elles commencent à s'enrouler sans brunir. Disposer sur du papier absorbant et laisser égoutter.

5 Disposer le poulet, les légumes dans un plat chaud, arroser avec le jus de cuisson et garnir des feuilles de basilic. Servir avec du riz nature ou des nouilles.

poulet à l'ail sauté à la coriandre et au citron

4 personnes

4 gros blancs de poulet, désossés
 et sans la peau

50 g de beurre à l'ail, en pommade

1 cuil. à soupe d'huile de tournesol

3 cuil. à soupe de coriandre fraîche
 ciselée

zeste finement râpé et jus
 de 2 citrons verts

25 g de sucre de palme ou de sucre
 roux

riz nature

1 Placer chaque blanc de poulet
 entre 2 feuilles de film alimentaire
et tapoter à l'aide d'un rouleau à
pâtisserie pour les aplatir à environ
 cm d'épaisseur.

2 Mélanger le beurre à l'ail
 et la coriandre et en tartiner
chaque blanc de poulet. Rouler les
blancs et les fermer à l'aide d'une
pique à cocktail.

3 Faire chauffer l'huile dans un wok
 et cuire les rouleaux 15 à
20 minutes, en les retournant souvent,
jusqu'à ce qu'ils soient bien tendres.

4 Retirer le poulet du wok et couper
 chaque rouleau en tranches.

5 Chauffer doucement dans le wok
 le zeste de citron vert, le jus
et le sucre en remuant, jusqu'à ce que
le sucre soit dissous. Augmenter le feu
et laisser bouillonner environ
2 minutes.

6 Disposer le poulet sur des assiettes
 chaudes et verser par-dessus
le jus du wok.

7 Garnir de coriandre et servir
 avec du riz.

poulet thaï aux légumes

4 personnes

3 cuil. à soupe d'huile d'arachide

350 g de blancs de poulet,
   finement émincé

2 gousses d'ail, finement hachées

1 morceau de gingembre frais
   de 2,5 cm, râpé

8 échalotes, émincées

1 piment vert, épépiné et finement
   émincé

1 poivron rouge et 1 poivron vert,
   finement émincés

3 courgettes, finement émincées

2 cuil. à soupe d'amandes
   en poudre

1 cuil. à café de cannelle en poudre

1 cuil. à soupe de sauce d'huître

50 g de crème de coco en bloc,
   râpée

sel et poivre

1 Faire chauffer l'huile dans un wok
préchauffé ou une sauteuse.
Incorporer les lanières de poulet,
saler, poivrer et faire revenir
4 à 5 minutes.

2 Ajouter les échalotes, le gingembre,
l'ail et le piment. Faire revenir
2 minutes.

3 Ajouter les poivrons
et les courgettes et cuire encore
1 minute.

4 Ajouter les autres ingrédients.
Faire cuire 1 minute.
Disposer sur un plat chaud
et servir immédiatement.

CONSEIL

La crème de coco est aussi
vendue dans les épiceries
asiatiques sous forme de blocs.
Elle se conserve facilement
et ajoute une saveur riche
et profonde au plat.

sauté de poulet au maïs

4 personnes

4 blancs de poulet, désossés
et sans la peau
250 g de mini-épis de maïs
250 g de pois mange-tout
2 cuil. à soupe d'huile de tournesol
1 cuil. à soupe de vinaigre de xérès
1 cuil. à soupe de miel d'acacia
1 cuil. à soupe de sauce de soja claire
poivre
1 cuil. à soupe de graines
de tournesol
riz ou nouilles aux œufs à la chinoise,
en accompagnement

VARIANTE

Les vinaigres de riz ou balsamique
constitueront une bonne
alternative au vinaigre de xérès.

1 À l'aide d'un couteau tranchant,
découper le poulet en lanières.

2 Couper les épis de maïs en deux
dans le sens de la longueur.
Parer les pois mange-tout.

3 Faire chauffer l'huile de tournesol
dans un wok préchauffé
ou une sauteuse.

4 Faire revenir le poulet à feu vif
1 minute, sans cesser de remuer.

5 Ajouter les épis de maïs, les pois
mange-tout et faire revenir à feu
modéré 5 à 8 minutes. Les légumes
doivent être cuits mais légèrement
croquants.

6 Mélanger le vinaigre de xérès,
le miel et la sauce de soja
dans un petit bol.

7 Verser le mélange dans la sauteuse
ou le wok avec les graines
de tournesol.

8 Poivrer et Laisser mijoter 1 minute
sans cesser de remuer.

9 Servir chaud accompagné de riz
ou de nouilles chinoises aux œufs.

poulet à la coriandre à la mode thaïe

4 personnes

4 blancs de poulet, désossés
  et sans la peau

2 gousses d'ail, épluchées

1 piment vert frais, épépiné

1 morceau de gingembre frais
  de 2 cm, épluché

4 cuil. à soupe de feuilles
  de coriandre hachées

zeste râpé d'un citron vert

3 cuil. à soupe de jus de citron vert

175 ml de lait de coco

2 cuil. à soupe de sauce
  de soja claire

1 cuil. à soupe de sucre en poudre

salade de concombre et de radis,
  en accompagnement

1 À l'aide d'un couteau tranchant, pratiquer 3 entailles dans chaque blanc de poulet. Disposer les blancs de poulet en une seule couche dans un plat large non métallique.

2 Dans un robot de cuisine, mixer l'ail, le piment, le gingembre, la coriandre, le zeste et le jus de citron vert, la sauce de soja, le sucre en poudre et le lait de coco, jusqu'à obtention d'un mélange homogène et lisse.

3 Verser cette préparation sur les blancs de poulet de sorte qu'ils en soient uniformément recouverts. Couvrir et laisser mariner environ 1 heure au réfrigérateur.

4 Retirer le poulet de la marinade, l'égoutter et le placer sur une feuille de papier sulfurisé. Faire griller 12 à 15 minutes au gril préchauffé jusqu'à ce qu'il soit bien cuit.

5 Pendant ce temps, verser le reste de marinade dans une casserole et porter à ébullition. Réduire le feu et laisser mijoter quelques minutes, jusqu'à ce qu'elle soit bien chaude.

6 Servir immédiatement les blancs de poulet recouverts de marinade, accompagnés d'une salade de radis et de concombres.

sauté de poulet à la mangue

4 personnes

6 cuisses de poulet, désossées
  et sans la peau
1 morceau de gingembre frais
  de 2,5 cm, râpé
1 gousse d'ail, hachée
1 petit piment rouge, épépiné
1 gros poivron rouge, épépiné
4 oignons verts
180 g de pois mange-tout
120 g de mini-épis de maïs
1 grosse mangue mûre
2 cuil. à soupe d'huile de tournesol
1 cuil. à café d'huile de sésame
1 cuil. à soupe de sauce de soja claire
3 cuil. à soupe de vin de riz
  ou de xérès sec
sel et poivre

1 Couper le poulet en longues lanières fines et le mettre dans une terrine. Mélanger le gingembre, l'ail et le piment et verser ce mélange sur le poulet pour l'en enrober.

2 Couper les épis de maïs et les pois en deux obliquement. Peler la mangue, retirer le noyau et la couper en tranches épaisses.

3 Faire chauffer l'huile à feu vif dans un wok ou une sauteuse. Mettre le poulet et faire revenir 4 à 5 minutes, jusqu'à ce que le poulet commence à dorer. Ajouter le poivron et faire cuire 4 à 5 minutes à feu moyen, jusqu'à ce qu'il soit tendre.

4 Ajouter l'oignon vert, le maïs et les pois et faire cuire encore 1 minute.

5 Mélanger la sauce de soja, le vin de riz ou le xérès et l'huile de sésame dans un bol. Ajouter ce mélange au wok. Ajouter la mangue et remuer 1 minute pour la faire chauffer.

6 Saler, poivrer et servir immédiatement.

canard aux épis de maïs et à l'ananas

4 personnes

4 magrets de canard

1 cuil. à café de poudre
de cinq-épices chinois

1 cuil. à soupe de maïzena

1 cuil. à soupe d'huile pimentée

225 g d'oignons grelots, épluchés

2 gousses d'ail, hachées

100 g de mini-épis de maïs

175 g de morceaux d'ananas frais
ou en boîte

6 oignons verts, émincés

100 g de germes de soja

2 cuil. à soupe de sauce aux prunes

1 Ôter la peau des magrets
et les couper en lamelles fines.

2 Mélanger dans une terrine le cinq-épices chinois et la maïzena.
Passer le canard dans le mélange de cinq-épices et de maïzena, jusqu'à ce qu'il soit bien enrobé.

3 Faire chauffer l'huile dans un wok préchauffé et faire revenir le canard 10 minutes, jusqu'à ce qu'il commence à être croustillant sur les bords.
Retirer le canard du wok et réserver.

4 Faire cuire les oignons grelots et l'ail dans le wok 5 minutes. Ajouter les épis de maïs et faire cuire encore 5 minutes. Ajouter l'ananas, les oignons verts et les germes de soja et faire cuire 4 minutes. Ajouter la sauce aux prunes.

5 Remettre le canard et remuer en faisant sauter pour bien mélanger. Disposer sur des assiettes chaudes et servir.

canard sur lit de riz poêlé

4 personnes

2 filets de canard, émincés en biais
en fines lanières

2 ou 3 cuil. à soupe de sauce
de soja japonaise

1 cuil. à soupe de mirin
(vin de riz doux) ou de xérès

2 cuil. à café de sucre roux

4 cuil. à soupe d'huile d'arachide

1 morceau de gingembre frais
de 5 cm, finement haché ou râpé

2 gousses d'ail, hachées

300 g de riz long grain blanc
ou complet

800 ml de bouillon de volaille

115 g de jambon cuit dégraissé,
coupé en fines lanières

175 g de pois mange-tout, coupés
en deux en biais

40 g de germes de soja frais, rincés

8 oignons verts, émincés en biais

2 ou 3 cuil. à soupe de coriandre
fraîche hachée

sauce au piment doux ou fort
(facultatif)

1 Mettre le canard dans une terrine
peu profonde avec 1 cuillerée à
soupe de sauce de soja, le mirin,
la moitié du sucre roux et un tiers
du gingembre. Remuer pour enduire
la viande, puis laisser mariner
à température ambiante.

2 Dans une grande sauteuse, faire
chauffer 2 ou 3 cuillerées
à soupe d'huile d'arachide sur feu
moyen à fort. Faire revenir 1 minute l'ail
et la moitié du reste de gingembre, pour
libérer les arômes. Ajouter le riz
et faire revenir 3 minutes, en remuant,
jusqu'à ce qu'il soit translucide et doré.

3 Verser 700 ml de bouillon
et 1 cuillerée à café de sauce de
soja. Porter à ébullition puis baisser le
feu au minimum, couvrir et laisser
mijoter 20 minutes. Le riz doit être
tendre et le liquide absorbé. Sans
découvrir, retirer du feu et laisser reposer.

4 Faire chauffer le reste d'huile dans
un wok. Égoutter le canard et le
faire revenir 3 minutes à feu doux pour
le faire dorer. Ajouter 1 cuillerée à soupe
de sauce de soja et le reste de sucre
et faire revenir 1 minute. Disposer
dans une assiette et réserver au chaud.

5 Mettre le jambon, les mange-
tout, les germes de soja, les
oignons verts, le reste de gingembre et
la moitié de la coriandre dans la
sauteuse, avec 100 ml de bouillon.
Faire revenir 1 minute pour faire
réduire. Ajouter le riz et remuer. Verser
quelques gouttes de sauce pimentée.

6 Verser le riz ainsi cuit dans
un plat, disposer le canard dessus
et parsemer du reste de coriandre.

canard à la mangue

4 personnes

2 mangues bien mûres

300 ml de bouillon de poulet

2 gousses d'ail, hachées

1 cuil. à café de gingembre
frais râpé

3 cuil. à soupe d'huile

2 gros magrets de canards
de 225 g, sans la peau

1 cuil. à café de vinaigre de vin

1 poireau, émincé

1 cuil. à café de sauce de soja claire

persil frais, ciselé, en garniture

1 Peler les mangues. Retirer la pulpe de part et d'autre du noyau et la découper en lanières.

2 Mixer ensemble la moitié des mangues et le bouillon de poulet jusqu'à obtenir un mélange homogène, ou passer la moitié des mangues au chinois et mélanger la purée obtenue au bouillon.

3 Frotter le canard d'ail et de gingembre. Faire chauffer l'huile dans un wok préchauffé. Y saisir la viande sans cesser de remuer. Réserver l'huile et retirer le canard.

4 Poser le canard sur une grille placée au-dessus d'une lèchefrite et faire cuire 20 minutes à 220 ° (th. 7), jusqu'à ce que la viande soit parfaitement cuite.

5 Mettre la sauce à la mangue dans une casserole, ajouter le vinaigre de vin et la sauce de soja.

6 Porter à ébullition et cuire à feu vif, sans cesser de remuer, jusqu'à ce que le jus ait réduit de moitié.

7 Faire chauffer l'huile réservée et y faire revenir le poireau et les mangues restantes 1 minute. Retirer du wok, transférer sur un plat de service et réserver au chaud jusqu'au moment de servir.

8 Découper le canard en tranches fines et le disposer sur la garniture de poireaux et de mangue. Napper la viande avec la sauce à la mangue, garnir de persil frais ciselé et servir.

canard croustillant aux nouilles et au tamarin

4 personnes

3 magrets de canard, d'environ
  400 g au total
2 gousses d'ail, hachées
1 cuil. à café ½ de pâte de piment
1 cuil. à soupe de miel d'acacia
3 cuil. à soupe de sauce
  de soja épaisse
½ cuil. à café de poudre
  de cinq-épices chinois
250 g de nouilles de riz
1 cuil. à café d'huile
1 cuil. à café d'huile de sésame
2 oignons verts, émincé
90 g de pois mange-tout
2 cuil. à soupe de jus de tamarin

1 Piquer la peau des magrets
avec la pointe d'une fourchette
et les placer dans un plat profond.

2 Mélanger l'ail avec le piment,
la sauce de soja, le miel
et la poudre de cinq-épices chinois
et verser ce mélange sur le canard.
Tourner les magrets pour qu'ils en soient
bien recouverts, couvrir et laisser mariner
1 heure minimum au réfrigérateur.

3 Pendant ce temps, faire tremper
les nouilles 15 minutes à l'eau
chaude. Égoutter soigneusement.

4 Retirer les magrets de canard
de la marinade en les égouttant
et les faire griller environ 10 minutes
à feu vif, en les tournant de temps
en temps, jusqu'à ce qu'ils soient bien
dorés. Les retirer du grill et les couper
en tranches épaisses.

5 Faire chauffer les huiles dans
un wok et y faire revenir l'oignon
vert et les pois mange-tout 2 minutes.
Arroser avec la marinade, le jus
de tamarin et porter à ébullition.

6 Ajouter les tranches de canard
et les nouilles en remuant
pour bien chauffer tous les ingrédients.
Servir immédiatement.

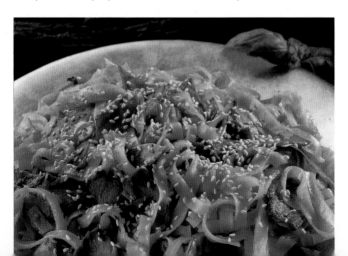

canard à la sauce hoisin aux poireaux

4 personnes

4 magrets de canard
350 g de chou vert, coupé
   en fines lanières
225 g de poireau, émincé
zeste finement râpé d'une orange
6 cuil. à soupe de sauce d'huître
1 cuil. à café de graines de sésame
   grillées, en garniture

1 Faire chauffer un grand wok
et faire revenir les magrets
de canard avec la peau environ
5 minutes de chaque côté (il peut être
nécessaire de le faire en 2 fois).

2 Retirer le canard du wok à l'aide
d'une écumoire.

3 Couper le canard en tranches fines
à l'aide d'un couteau tranchant.

4 Retirer du wok la graisse de canard
en y laissant l'équivalent d'une
cuillerée à soupe. Jeter le reste.

5 Couper le chou vert en fines
lanières.

6 Faire cuire les poireaux, le chou
et le zeste d'orange dans le wok
5 minutes, jusqu'à ce que les légumes
soient juste tendres.

7 Remettre le canard dans le wok
et chauffer 2 à 3 minutes.

8 Verser un filet de sauce d'huître sur
le canard, bien remuer
pour mélanger et chauffer.

9 Parsemer de graines de sésame
grillées et servir chaud.

dinde sautée glacée aux airelles

4 personnes

1 blanc de dinde de 450 g

2 cuil. à soupe d'huile de tournesol

15 g de gingembre confit

50 g d'airelles fraîches ou surgelées

100 g de châtaignes en boîte

4 cuil. à soupe de coulis d'airelles

3 cuil. à soupe de sauce de soja
   claire

sel et poivre

CONSEIL

Il est très important que le wok soit très chaud avant de commencer à y faire revenir les aliments. Testez en plaçant la main à plat à environ 7,5 cm au-dessus du fond : on doit sentir la chaleur irradier.

1 Retirer toute la peau du blanc de dinde et le couper en tranches fines.

2 Faire chauffer l'huile dans un grand wok préchauffé.

3 Faire revenir la dinde 5 minutes, jusqu'à ce qu'elle soit bien cuite.

4 À l'aide d'un couteau tranchant, couper le gingembre confit en petits morceaux.

5 Ajouter le gingembre et les airelles à la dinde et faire cuire 2 à 3 minutes, jusqu'à ce que les baies soient tendres.

6 Ajouter les châtaignes, le coulis d'airelles et la sauce de soja, saler et poivrer et laisser mijoter 2 à 3 minutes.

7 Disposer sur des assiettes chaudes et servir immédiatement.

sauté de bœuf mariné aux pousses de bambou

4 personnes

350 g de rumsteck

3 cuil. à soupe de sauce de soja
épaisse

1 cuil. à soupe de ketchup

2 gousses d'ail, hachées

1 cuil. à soupe de jus de citron frais

1 cuil. à café de coriandre en poudre

2 cuil. à soupe d'huile

175 g de pois mange-tout

200 g de pousses de bambou
en boîte, égouttées et rincées

1 cuil. à café d'huile de sésame

1 À l'aide d'un couteau tranchant, couper la viande en lamelles. Mettre la viande dans un plat non métallique avec la sauce de soja épaisse, le ketchup, l'ail, le jus de citron et la coriandre en poudre. Bien mélanger pour que toute la viande soit enrobée de marinade, couvrir et laisser reposer 1 heure minimum.

2 Faire chauffer l'huile dans un wok préchauffé. Faire revenir la viande 2 à 4 minutes, jusqu'à ce qu'elle soit bien cuite.

3 Ajouter les pois mange-tout et les pousses de bambou et faire cuire à feu vif et en remuant souvent encore 5 minutes.

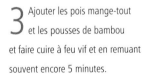

4 Verser un filet d'huile de sésame et bien remuer pour mélanger. Disposer sur des assiettes et servir chaud.

sauté de bœuf pimenté en salade

4 personnes

450 g de rumsteck

2 gousses d'ail, hachées

1 cuil. à café de piment en poudre

1 cuil. à café de coriandre en poudre

1 avocat mûr

2 cuil. à soupe d'huile de tournesol

425 g de haricots rouges
en boîte, égouttés

175 g de tomates cerises, coupées
en deux

½ cuil. à café de sel

1 grand paquet de chips de maïs
épicées (tortilla chips)

laitue pommée, coupée en lanières

coriandre fraîche, ciselée

1 À l'aide d'un couteau tranchant, couper le bœuf en lanières fines.

2 Mettre l'ail, le piment en poudre, le sel et la coriandre en poudre dans une terrine et bien mélanger le tout.

3 Ajouter les lanières de bœuf à la marinade et retourner pour bien les enrober.

4 À l'aide d'un couteau tranchant, éplucher l'avocat. Le couper dans le sens de la longueur, puis de la largeur pour former de petits dés.

5 Faire chauffer l'huile dans un wok préchauffé. Ajouter le bœuf. Le faire revenir 5 minutes en remuant souvent.

6 Ajouter les tomates, les haricots rouges et l'avocat et chauffer 2 minutes.

7 Disposer un lit de chips et de laitue tout autour d'un grand plat et déposer le mélange au bœuf au centre. On peut aussi servir les chips et la laitue séparément.

8 Garnir, à sa convenance, de coriandre fraîche ciselée et servir.

bœuf aux haricots verts

4 personnes

450 g de rumsteck ou filet de bœuf,
coupé en dés de 2,5 cm

MARINADE

2 cuil. à café de maïzena

2 cuil. à soupe de sauce de soja
épaisse

2 cuil. à café d'huile d'arachide

SAUCE

2 cuil. à soupe d'huile

3 gousses d'ail, hachées

1 petit oignon, coupé en huit

225 g de haricots verts, coupés en deux

25 g de noix de cajou non salées

25 g de pousses de bambou
en boîte, égouttées et rincées

125 ml de bouillon de bœuf

2 cuil. à café de sauce de soja épaisse

2 cuil. à café de vin de riz
ou de xérès sec

2 cuil. à café de maïzena

2 cuil. à café d'eau

sel et poivre

1 Pour la marinade, mélanger la maïzena, la sauce de soja et l'huile d'arachide.

2 Mettre la viande dans une terrine en verre peu profonde. Arroser avec la marinade, remuer pour que la viande soit bien enrobée, couvrir et laisser mariner au frais au moins 30 minutes.

3 Pour la sauce, faire chauffer l'huile dans un wok. Ajouter l'ail, l'oignon, les haricots, les pousses de bambou et les noix de cajou. Faire revenir 3 minutes.

4 Retirer la viande de la marinade, égoutter, mettre dans le wok et faire cuire 3 à 4 minutes.

5 Mélanger la sauce de soja, le vin de riz ou le xérès et le bouillon de bœuf dans une terrine. Délayer la maïzena dans l'eau, ajouter la pâte obtenue dans la préparation précédente et remuer pour bien mélanger.

6 Verser la préparation dans le wok et porter à ébullition en remuant, jusqu'à ce que la sauce épaississe. Réduire la température et laisser frémir 2 à 3 minutes. Saler, poivrer et servir.

bœuf et légumes sautés au xérès

4 personnes

2 cuil. à soupe d'huile de tournesol

350 g de filet de bœuf, émincé

1 oignon rouge, émincé

175 g de courgettes

175 g de carottes, coupées
en rondelles fines

150 g de germes de soja

1 poivron rouge, épépiné et émincé

1 petite tête de chou chinois,
coupée en lanières

225 g de pousses de bambou
en boîte, égouttées et rincées

150 g de noix de cajou grillées

SAUCE

3 cuil. à soupe de xérès demi-sec

3 cuil. à soupe de sauce de soja claire

1 cuil. à café de gingembre en
poudre

1 gousse d'ail, hachée

1 cuil. à café de maïzena

1 cuil. à soupe de concentré
de tomates

1 Faire chauffer l'huile de tournesol dans un grand wok préchauffé. Faire revenir le bœuf et l'oignon 4 à 5 minutes, jusqu'à ce que l'oignon commence à être tendre et que la viande soit juste dorée.

2 Couper le bout de la courgette et l'émincer.

3 Ajouter les carottes, le poivron et les courgettes dans le wok et faire cuire 5 minutes.

4 Ajouter en retournant le chou chinois, les germes de soja et les pousses de bambou et chauffer environ 2 à 3 minutes, jusqu'à ce que le chou commence juste à se flétrir.

5 Parsemer le sauté de noix de cajou.

6 Pour la sauce, mélanger le xérès, la sauce de soja, le gingembre en poudre, l'ail, la maïzena et le concentré de tomates.

7 Verser sur le sauté et bien remuer pour mélanger. Laisser la sauce frémir 2 à 3 minutes, jusqu'à ce que le jus commence à épaissir.

8 Répartir sur des assiettes chaudes et servir immédiatement.

bœuf et poivron au lemon-grass

4 personnes

500 g de filet de bœuf

1 tige de lemon-grass, émincée

1 oignon, finement émincé

1 morceau de gingembre frais
de 2,5 cm, haché

1 poivron rouge, épépiné
et finement émincé

1 poivron vert, épépiné
et finement émincé

2 cuil. à soupe d'huile

1 gousse d'ail, finement hachée

2 cuil. à soupe de jus de citron vert

nouilles ou riz,
en accompagnement

1 Couper le bœuf en longues
lanières, perpendiculairement
aux fibres.

2 Faire chauffer l'huile à feu vif
dans un wok ou une sauteuse.
Mettre l'ail et faire revenir 1 minute.

3 Ajouter le bœuf, et faire revenir
2 à 3 minutes, jusqu'à ce qu'il soit
à peine coloré. En remuant, ajouter
le lemon-grass et le gingembre
et retirer le wok ou la sauteuse du feu.

4 Retirer la viande du wok
ou de la sauteuse et réserver.
Mettre l'oignon et les poivrons
dans le wok et faire revenir
2 à 3 minutes à feu vif, jusqu'à
ce qu'ils commencent à dorer
et qu'ils soient juste tendres.

5 Remettre le bœuf dans le wok,
ajouter le jus de citron vert,
saler et poivrer. Servir accompagné
de nouilles ou de riz.

bœuf à l'ail sauté aux graines de sésame

4 personnes

2 cuil. à soupe de graines
de sésame

450 g de filet de bœuf

1 poivron vert, épépiné
et émincé

2 cuil. à soupe d'huile

4 gousses d'ail, hachées

2 cuil. à soupe de xérès sec

4 cuil. à soupe de sauce de soja

6 oignons verts, émincés

nouilles, en accompagnement

CONSEIL

Il est également possible
de disposer les graines de sésame
sur une plaque de four et de les griller
au gril jusqu'à ce qu'elles soient
complètement brunies.

1 Chauffer à feu très vif un wok ou
une grande sauteuse.

2 Faire revenir les graines de sésame
1 à 2 minutes, jusqu'à ce qu'elles
commencent à brunir. Les retirer et
réserver.

3 À l'aide d'un couteau tranchant,
couper le bœuf en lanières fines.

4 Faire chauffer l'huile dans le wok
et faire revenir le bœuf
2 à 3 minutes, jusqu'à ce qu'il soit saisi
de tous les côtés.

5 Ajouter le poivron émincé et l'ail
haché et cuire encore 2 minutes.

6 Ajouter le xérès, la sauce de soja,
les oignons verts et laisser frémir
en remuant de temps en temps
1 minute.

7 Répartir dans des bols chauds et
parsemer de graines de sésame
grillées. Servir chaud, accompagné
de nouilles cuites à la vapeur.

sauté de bœuf aux germes de soja

4 personnes

1 botte d'oignons verts

2 cuil. à soupe d'huile de tournesol

1 gousse d'ail, hachée

1 cuil. à café de gingembre
   frais haché

500 g de filet de bœuf, coupé
   en fines lanières

4 cuil. à soupe de lait de coco

1 gros poivron rouge, épépiné
   et émincé

1 petit piment rouge frais, épépiné
   et haché

350 g de germes de soja frais

1 petite tige de lemon-grass,
   hachée

1 cuil. à soupe de vinaigre de riz

2 cuil. à soupe de beurre
   de cacahuètes

1 cuil. à soupe de sauce de soja

1 cuil. à café de sucre roux

250 g de nouilles aux œufs
   moyennes

sel et poivre

1 Éplucher les oignons verts et les émincer finement, en réserver quelques rondelles pour la garniture. Faire chauffer l'huile dans un wok à feu vif. Mettre l'ail, l'oignon et le gingembre et faire revenir 2 à 3 minutes, jusqu'à ce qu'ils soient tendres. Ajouter les lanières de bœuf et faire revenir 4 à 5 minutes, jusqu'à ce que la viande soit dorée.

2 Ajouter le poivron et faire cuire 3 à 4 minutes. Ajouter le piment et les germes de soja et faire cuire 2 minutes. Dans un bol, mélanger le lemon-grass, le beurre de cacahuètes, le lait de coco, le vinaigre, la sauce de soja et le sucre. Ajouter le mélange au contenu du wok.

3 Cuire les nouilles aux œufs dans de l'eau bouillante salée 4 minutes ou selon les instructions figurant sur le paquet. Égoutter et incorporer au wok en remuant pour bien mélanger.

4 Saler et poivrer à son goût. Parsemer du reste d'oignons verts et servir très chaud.

bœuf sauté aux petits oignons

4 personnes

450 g de filet de bœuf

2 cuil. à soupe de sauce de soja

1 cuil. à café d'huile pimentée

1 cuil. à soupe de pâte de tamarin

2 cuil. à soupe de sucre de palme
   ou de sucre roux

2 gousses d'ail, hachées

2 cuil. à soupe d'huile de tournesol

225 g de petits oignons

2 cuil. à soupe de coriandre
   fraîche ciselée

1 À l'aide d'un couteau tranchant, couper le bœuf en lanières fines.

2 Mettre les lanières de bœuf dans un grand plat peu profond et non métallique.

3 Mélanger la sauce de soja, l'huile pimentée, la pâte de tamarin, le sucre de palme et l'ail.

4 Verser le mélange sur le bœuf, bien remuer pour que la viande soit enrobée, couvrir et laisser mariner au moins 1 heure.

5 Faire chauffer l'huile de tournesol dans un wok préchauffé.

6 Éplucher les oignons et les couper en deux. Les faire revenir 2 à 3 minutes, jusqu'à ce qu'ils brunissent légèrement.

7 Ajouter le bœuf et la marinade et faire cuire à feu vif 5 minutes.

8 Saupoudrer de coriandre fraîche ciselée et servir immédiatement.

bœuf piquant aux noix de cajou

4 personnes

500 g d'aloyau de bœuf
1 cuil. à café d'huile

MARINADE
1 cuil. à soupe de graines de sésame
1 gousse d'ail, hachée
1 cuil. à soupe de gingembre frais
    finement haché
1 piment-oiseau rouge, haché
2 cuil. à soupe de sauce
    de soja épaisse
1 cuil. à café de pâte de curry rouge

LAQUE
1 cuil. à café d'huile de sésame
4 cuil. à soupe de noix de cajou
    non salées
1 oignon vert, coupé en biais
    en larges tranches

1 Couper le bœuf en lanières d'environ 1,5 cm de large. Les mettre dans une terrine non métallique.

2 Pour préparer la marinade, faire griller les graines de sésame 2 à 3 minutes à feu moyen dans une poêle à fond épais, jusqu'à ce qu'elles soient dorées, en secouant de temps en temps.

3 Placer les graines dans un mortier, ajouter l'ail, le gingembre, et le piment et piler le tout jusqu'à obtenir une pâte lisse. Ajouter la sauce de soja et la pâte de curry, et bien mélanger.

4 Verser cette pâte sur la viande et secouer la terrine pour que la viande soit bien enrobée. Couvrir et laisser mariner 2 à 3 heures ou une nuit au réfrigérateur.

5 Faire chauffer un wok ou une sauteuse, jusqu'à ce qu'ils soient très chauds et badigeonner avec un peu d'huile. Mettre la viande et la faire cuire rapidement, en remuant fréquemment jusqu'à ce qu'elle soit légèrement dorée. Retirer du feu et

dresser les lanières de bœuf sur un plat de service chaud.

6 Faire chauffer l'huile de sésame dans une poêle et y faire rapidement revenir les noix de cajou, jusqu'à ce qu'elles soient dorées.

Ajouter l'oignon vert et faire cuire 30 secondes. Parsemer la viande avec le mélange de noix de cajou et d'oignon vert et servir.

boulettes de porc à la menthe

4 personnes

500 g de porc maigre haché
40 g de chapelure fraîche fine
½ cuil. à café de quatre-épices
   en poudre
1 gousse d'ail, hachée
2 cuil. à soupe de menthe fraîche
   hachée
1 œuf, légèrement battu
2 cuil. à soupe d'huile de tournesol
1 poivron rouge, épépiné
   et coupé en lanières
250 ml de bouillon de volaille
4 noix au vinaigre, coupées
   en rondelles
sel et poivre
menthe fraîche, en décoration
nouilles chinoises ou riz cuit(es),
   en accompagnement

1 Dans une terrine, mélanger le porc avec la chapelure, le quatre-épices, l'ail et la moitié de la menthe hachée. Saler et poivrer à son goût, puis lier la préparation en y incorporant l'œuf battu.

2 Avec les mains, façonner 20 boulettes de la taille d'une noix avec la préparation, en gardant les doigts humectés.

3 Dans un wok, faire chauffer l'huile de tournesol. Une fois qu'elle est très chaude, faire revenir les boulettes de porc 4 à 5 minutes. Elles doivent être dorées sur toute la surface.

4 Sortir les boulettes du wok à l'aide d'une écumoire et les mettre à égoutter sur du papier absorbant.

5 Vider le wok ou la poêle de son huile en ne laissant qu'une cuillerée à soupe, puis faire revenir le poivron rouge 2 à 3 minutes, jusqu'à ce qu'il soit tendre, sans colorer.

6 Ajouter le bouillon de volaille et porter à ébullition. Bien saler et poivrer. Remettre les boulettes dans le wok, en remuant bien pour les enrober de sauce. Laisser mijoter 7 à 10 minutes, en retournant les boulettes de temps en temps.

7 Ajouter le reste de menthe hachée et les rondelles de noix puis laisser mijoter encore 2 ou 3 minutes, en retournant les boulettes régulièrement pour les enrober de sauce.

8 Saler et poivrer à nouveau puis servir ces boulettes immédiatement, sur un lit de nouilles chinoises ou de riz, garnies de brins de menthe fraîche.

porc aigre-doux

4 personnes

450 g de filet de porc

2 cuil. à soupe d'huile de tournesol

225 g de courgettes

1 oignon rouge, finement émincé

2 gousses d'ail, hachées

1 poivron rouge, épépiné et émincé

225 g de carottes, coupées
   en julienne

100 g de mini-épis de maïs

100 g de champignons de Paris,
   coupés en deux

175 g d'ananas frais, coupés en dés

100 g de germes de soja

150 ml de jus d'ananas

1 cuil. à soupe de maïzena

2 cuil. à soupe de sauce de soja

3 cuil. à soupe de ketchup

1 cuil. à soupe de vinaigre
   de vin blanc

1 cuil. à soupe de miel d'acacia

CONSEIL

Pour que le porc soit plus
croustillant, on peut aussi
le passer dans un mélange
de maïzena et de blanc d'œuf
avant de le frire à l'étape 2.

1 À l'aide d'un couteau tranchant, couper le filet de porc en lamelles.

2 Faire chauffer l'huile dans un grand wok préchauffé. Faire revenir le porc dans le wok 10 minutes, jusqu'à ce qu'il soit complètement cuit et commence à devenir croustillant sur les bords.

3 Pendant ce temps, couper les courgettes en julienne.

4 Ajouter au porc l'oignon, le poivron, les courgettes, les carottes, l'ail, les épis de maïs et les champignons et faire cuire encore 5 minutes.

5 Ajouter les dés d'ananas et les germes de soja et faire cuire 2 minutes.

6 Mélanger le jus d'ananas, la maïzena, la sauce de soja, le ketchup, le vinaigre de vin et le miel.

7 Verser le mélange dans le wok et cuire à feu vif en retournant souvent jusqu'à ce que le jus épaississe. Remplir des bols du porc aigre-doux et servir chaud.

sauté de porc à la sauce satay

4 personnes

150 g de carottes, pelées

2 cuil. à soupe d'huile de tournesol

350 g de porc dans l'échine,
    finement émincé

1 oignon, émincé

2 gousses d'ail, hachées

1 poivron jaune, épépiné et émincé

150 g de pois mange-tout

75 g de petites asperges vertes

6 cuil. à soupe de beurre
    de cacahuètes croquant

6 cuil. à soupe de lait de coco

1 cuil. à café de piment en flocons

1 gousse d'ail, hachée

1 cuil. à café de concentré
    de tomates

GARNITURE

cacahuètes salées concassées

1 À l'aide d'un couteau tranchant,
couper les carottes en julienne.

2 Faire chauffer l'huile dans un grand
wok. Faire revenir le porc,
l'oignon et l'ail 5 minutes, jusqu'à
ce que la viande soit bien cuite.

3 Ajouter les carottes, le poivron,
les pois mange-tout et les
asperges et faire cuire 5 minutes.

4 Pour la sauce satay, mettre le beurre
de cacahuètes, le lait de coco, le
piment en flocons, l'ail et le concentré
de tomates dans une petite poêle et
chauffer doucement en remuant jusqu'à
ce que le tout soit bien mélangé.

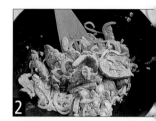

5 Remplir des assiettes chaudes
du sauté. Napper de sauce satay
et parsemer de cacahuètes. Servir
immédiatement.

porc sauté aux pâtes et aux légumes

4 personnes

3 cuil. à soupe d'huile de sésame

350 g de filet de porc, coupé
   en fines lanières

450 g de taglioni secs

1 cuil. à soupe d'huile d'olive

3 échalotes, émincées

2 gousses d'ail, finement hachées

2 cuil. à soupe d'amandes pilées

1 morceau de gingembre frais
   de 2,5 cm, râpé

1 piment vert frais, émincé

1 poivron rouge, épépiné
   et émincé

1 poivron vert, épépiné
   et émincé

3 courgettes, finement émincées

1 cuil. à café de cannelle en poudre

1 cuil. à soupe de sauce d'huître

60 g de crème de coco, râpée

sel et poivre

1 Faire chauffer l'huile de sésame
dans un wok préchauffé. Saler et
poivrer le porc et faire revenir 5 minutes.

2 Porter à ébullition une casserole
d'eau salée. Ajouter les taglioni
l'huile d'olive, et faire cuire 12 minutes.
Égoutter puis réserver au chaud.

3 Mettre les échalotes, l'ail,
le gingembre et le piment
dans le wok, et faire cuire 2 minutes.
Ajouter les poivrons et les courgettes,
et faire cuire 1 minute.

4 Ajouter les amandes pilées,
la cannelle, la sauce d'huître
et la crème de coco, et faire cuire
1 minute.

5 Transférer la préparation dans un
plat chaud et servir.

porc croustillant au cinq-épices chinois

4 personnes

275 g de riz blanc long grain

600 ml d'eau froide

350 g de filet de porc

2 cuil. à café de poudre
de cinq-épices chinois

4 cuil. à soupe de maïzena

3 gros œufs, dont 2 battus

2 cuil. à soupe de sucre roux

2 cuil. à soupe d'huile de tournesol

1 oignon

2 gousses d'ail, hachées

100 g de carottes, coupées en dés

1 poivron rouge, épépiné et coupé
en dés

100 g de petits pois

15 g de beurre

sel et poivre

1 Rincer le riz à l'eau froide.
Le mettre dans une casserole,
ajouter l'eau froide et une pincée
de sel. Porter à ébullition, couvrir,
réduire le feu et laisser cuire à feu doux
environ 9 minutes, jusqu'à ce que
le liquide ait été complètement
absorbé et que le riz soit tendre.

2 Pendant ce temps, couper le filet
de porc en lamelles fines et
réserver.

3 Battre ensemble la poudre
de cinq-épices, la maïzena, 1 œuf
et le sucre roux. Passer le porc dans ce
mélange pour qu'il en soit bien enrobé.

4 Faire chauffer l'huile dans un gran
wok. Faire revenir le porc à feu vif
jusqu'à ce qu'il soit bien cuit et
croustillant. Retirer du wok à l'aide
d'une écumoire et réserver.

5 À l'aide d'un couteau tranchant,
couper l'oignon en dés.

6 Faire revenir l'oignon, les carotte
l'ail, le poivron et les petits pois
dans le wok 5 minutes.

7 Remettre le porc dans le wok
avec le riz cuit et faire cuire
5 minutes.

8 Faire chauffer le beurre
dans une poêle. Ajouter
les 2 œufs battus et cuire jusqu'à
ce qu'ils prennent. Couper l'omelette
en lanières fines. Ajouter les lanières
d'omelette au mélange de riz et servir

porc au mooli

4 personnes

4 cuil. à soupe d'huile

450 g de filet de porc

1 aubergine

225 g de mooli

2 gousses d'ail, hachées

3 cuil. à soupe de sauce de soja
claire

2 cuil. à soupe de sauce au piment
douce

CONSEIL

Le mooli (radis blanc) est
un légume long et blanc très
courant dans la cuisine chinoise.
On le trouve dans la plupart
des hypermarchés. Il est
généralement râpé et son goût est
plus doux que celui du radis rose.

2 À l'aide d'un couteau tranchant,
couper le porc en fines lamelles.

3 Faire revenir les lamelles de porc
dans le wok 5 minutes environ.

4 Retirer le bout de l'aubergine
et la couper en dés. Éplucher
et couper le mooli en tranches.

1 Faire chauffer 2 cuillerées à soupe
d'huile dans un wok préchauffé.

5 Ajouter le reste d'huile
dans le wok chaud.

6 Ajouter les dés d'aubergine et l'ail
et faire cuire environ 5 minutes.

7 Ajouter le mooli et faire cuire
2 minutes environ.

8 Ajouter la sauce de soja et la
sauce au piment douce et cuire
jusqu'à ce que le tout soit bien cuit.

9 Remplir des bols chauds de porc
au mooli et servir immédiatement.

porc double-cuisson aux poivrons

4 personnes

15 g de champignons chinois
    séchés
450 g de rouelles de porc
2 cuil. à soupe d'huile
1 oignon, émincé
1 poivron rouge, coupé en dés
1 poivron vert, coupé en dés
1 poivron jaune, coupé en dés
4 cuil. à soupe de sauce d'huître

VARIANTE
On peut remplacer
les champignons chinois
par des champignons
de Paris émincés.

1 Mettre les champignons dans une grande terrine. Les recouvrir d'eau bouillante et laisser tremper 20 minutes.

2 À l'aide d'un couteau tranchant, dégraisser le porc et le couper en lanières fines.

3 Porter à ébullition une grande casserole d'eau. Mettre le porc dans l'eau bouillante et cuire environ 5 minutes.

4 Retirer le porc de la casserole à l'aide d'une écumoire et l'égoutter soigneusement.

5 Faire chauffer l'huile dans un grand wok préchauffé. Faire revenir le porc environ 5 minutes.

6 Égoutter soigneusement les champignons et les couper grossièrement en morceaux.

7 Ajouter l'oignon, les champignons et les poivrons au porc et faire cuire 5 minutes.

8 Verser la sauce d'huître dans le wok en remuant et cuire 3 minutes. Remplir des bols et servir.

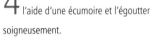

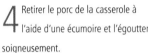

boulettes de porc épicées

4 personnes

450 g de porc, haché

2 échalotes, finement émincées

2 gousses d'ail, hachées

1 cuil. à café de graines de cumin

½ cuil. à café de piment en poudre

25 g de miettes de pain complet

1 œuf, légèrement battu

2 cuil. à soupe d'huile de tournesol

400 g de tomates concassées
    assaisonnées au piment
    en boîte

2 cuil. à soupe de sauce de soja

200 g de châtaignes d'eau
    en boîte, égouttées

3 cuil. à soupe de coriandre fraîche
    ciselée

CONSEIL

Vous pouvez aussi ajouter
quelques cuillerées à café de
sauce au piment à une boîte
de tomates concassées.

1 Mettre le hachis de porc dans une terrine. Ajouter les échalotes, l'ail, les graines de cumin, le piment, les miettes de pain et l'œuf battu et bien mélanger le tout.

2 Façonner des boulettes avec le mélange entre les paumes des mains.

3 Faire chauffer l'huile de tournesol dans un wok préchauffé. Faire revenir plusieurs boulettes de porc à la fois à feu vif 5 minutes, jusqu'à ce qu'elles soient saisies de tous les côtés.

4 Ajouter les tomates, la sauce de soja et les châtaignes d'eau et porter à ébullition. Remettre les boulettes et réduire le feu. Laisser mijoter 15 minutes.

5 Parsemer de coriandre fraîche et servir chaud.

porc aux prunes

4 personnes

450 g de filet de porc

1 cuil. à soupe de maïzena

2 cuil. à soupe de sauce de soja claire

2 cuil. à soupe de vin de riz

4 cuil. à café de sucre roux

1 pincée de cannelle en poudre

5 cuil. à café d'huile

2 gousses d'ail, hachées

2 oignons verts, hachés

4 cuil. à soupe de sauce aux prunes

1 cuil. à soupe de sauce hoisin

150 ml d'eau

1 trait de sauce au piment

GARNITURE

quartiers de prunes, frits

  et oignons verts

1 Couper le filet de porc en tranches.

2 Mélanger la maïzena, la sauce de soja, le vin de riz, le sucre et la cannelle.

3 Placer le porc dans un plat peu profond et verser le mélange à la maïzena par-dessus. Couvrir et laisser mariner au moins 30 minutes.

4 Retirer le porc du plat, en réservant la marinade.

5 Faire chauffer l'huile dans un wok préchauffé. Y verser le porc et faire revenir 3 à 4 minutes, jusqu'à ce qu'il commence à dorer.

6 En remuant, ajouter l'ail, l'oignon vert, la sauce aux prunes, la sauce hoisin, l'eau et la sauce au piment. Porter la sauce à ébullition. Réduire le feu, couvrir et laisser mijoter 8 à 10 minutes, jusqu'à ce que le porc soit tendre et cuit.

7 Verser la marinade dans le wok et laisser cuire 5 minutes en remuant.

8 Verser le tout dans un plat de service chaud et garnir de quartiers de prune frits et d'oignon vert. Servir immédiatement.

agneau aillé à la sauce de soja

4 personnes

450 g de filet d'agneau

2 gousses d'ail

2 cuil. à soupe d'huile d'arachide

3 cuil. à soupe de xérès sec
   ou de vin de riz

3 cuil. à soupe de sauce
   de soja épaisse

1 cuil. à café de maïzena

2 cuil. à soupe d'eau froide

25 g de beurre

1 Pratiquer de petites incisions dans la chair de l'agneau.

2 Éplucher soigneusement les gousses d'ail et les émincer à l'aide d'un couteau tranchant.

3 Introduire les tranches d'ail à l'intérieur des incisions pratiquées dans l'agneau et le mettre dans un plat peu profond.

4 Verser 1 cuillerée à soupe d'huile, 1 de xérès et 1 de sauce de soja sur l'agneau, couvrir et laisser mariner au moins 1 heure, et toute une nuit si possible.

5 Égoutter l'agneau en réservant la marinade. À l'aide d'un couteau tranchant, couper la viande en lanières.

6 Faire chauffer le reste d'huile dans un wok préchauffé. Faire revenir l'agneau environ 5 minutes.

7 Ajouter la marinade et le reste de xérès et de sauce de soja dans le wok et laisser le jus cuire à gros bouillons 5 minutes.

8 Mélanger la maïzena et l'eau froide. Ajouter le mélange dans le wok et cuire en remuant de temps en temps, jusqu'à ce que le jus commence à épaissir.

9 Couper le beurre en petits morceaux. Les ajouter dans le wok et mélanger jusqu'à ce que le beurre ait fondu. Transférer sur des assiettes et servir.

agneau thaï aux feuilles de lime kafir

4 personnes

2 piments rouges thaïlandais

2 cuil. à soupe d'huile d'arachide

2 gousses d'ail, hachées

4 échalotes, coupées en morceaux

2 tiges de lemon-grass, émincées

6 feuilles de lime kafir

1 cuil. à soupe de pâte de tamarin

25 g de sucre de palme

450 g d'agneau maigre
    (filet ou gigot)

600 ml de lait de coco

175 g de tomates cerises, coupées
    en deux

1 cuil. à soupe de coriandre fraîche

riz parfumé, en accompagnement

CONSEIL

Lorsque vous achetez de la coriandre fraîche, assurez-vous que les feuilles soient bien vertes et pas sèches. Pour la conserver, lavez et séchez la coriandre, sans l'effeuiller. Enveloppez-la dans du papier absorbant et conservez-la dans un sac en plastique dans le réfrigérateur.

1 Épépiner et émincer très finement les piments thaïlandais.

2 Faire chauffer l'huile d'arachide dans un grand wok préchauffé.

3 Faire revenir l'ail, les échalotes, le lemon-grass, les feuilles de lime kafir, la pâte de tamarin, le sucre de palme et les piments environ 2 minutes.

4 Couper l'agneau en lanières ou en dés. Ajouter l'agneau dans le wok et faire cuire 5 minutes en remuant soigneusement pour qu'il soit complètement enrobé du mélange d'épices.

5 Verser le lait de coco dans le wok et porter à ébullition. Réduire le feu et laisser cuire 20 minutes.

6 Ajouter les tomates cerises et la coriandre fraîche et laisser cuire à feu doux 5 minutes. Disposer dans des assiettes et servir chaud, accompagné de riz parfumé.

agneau sauté à la sauce de soja épaisse

4 personnes

450 g de filet de collier d'agneau
ou de gigot, désossé

1 blanc d'œuf, légèrement battu

25 g de maïzena

1 cuil. à café de poudre
de cinq-épices chinois

3 cuil. à soupe d'huile de tournesol

1 oignon rouge

1 poivron rouge, épépiné et émincé

1 poivron vert, épépiné et émincé

1 poivron jaune ou orange,
épépiné et émincé

5 cuil. à soupe de sauce de soja
épaisse

riz nature ou nouilles,
en accompagnement

1 À l'aide d'un couteau tranchant, couper la viande en fines lanières.

2 Mélanger dans une terrine le blanc d'œuf, la maïzena et la poudre de cinq-épices chinois. Passer les lanières d'agneau dans ce mélange pour les enrober.

3 Faire chauffer l'huile dans un grand wok préchauffé. Faire revenir la viande à feu vif 5 minutes, jusqu'à ce que les bords commencent à être croustillants.

4 Couper l'oignon rouge en rondelles. Ajouter l'oignon et le poivron dans le wok et faire cuire 5 à 6 minutes, jusqu'à ce que les légumes commencent à être tendres.

5 Chauffer en remuant avec la sauce de soja épaisse.

6 Répartir le sauté d'agneau dans des assiettes chaudes et servir immédiatement, accompagné de riz fraîchement cuit à la vapeur ou de nouilles.

sauté d'oignons verts et d'agneau

4 personnes

450 g de tranches de gigot
    d'agneau

1 cuil. à café de grains de poivre
    de Sichuan moulus

1 cuil. à soupe d'huile d'arachide

2 gousses d'ail, hachées

8 oignons verts, émincés

2 cuil. à soupe de sauce de soja épaisse

6 cuil. à soupe de sauce d'huître

175 g de chou chinois

CONSEIL

La sauce d'huître est faite
à partir d'huîtres cuites dans
de l'eau salée et de la sauce de
soja. Elle est vendue en bouteille
et se conserve plusieurs mois.

1 À l'aide d'un couteau tranchant, dégraisser complètement l'agneau et le couper en fines lanières.

2 Saupoudrer la viande avec le poivre de Sichuan et bien mélanger.

3 Faire chauffer l'huile dans un wok ou une sauteuse préchauffés.

4 Faire revenir l'agneau 5 minutes dans le wok ou la sauteuse.

5 Mélanger l'ail, la sauce de soja et les oignons. Verser le tout dans le wok et faire cuire 2 minutes.

6 Ajouter la sauce d'huître et le chou chinois et faire cuire 2 minutes, jusqu'à ce que le chou soit flétri et que le jus cuise à gros bouillons.

7 Remplir des bols chauds de sauté et servir immédiatement avec des chips aux crevettes.

brochettes d'agneau à la sauce satay

4 personnes

450 g de filet d'agneau

1 cuil. à soupe de pâte
de curry douce

150 ml de lait de coco

2 gousses d'ail, hachées

½ cuil. à café de piment en poudre

½ cuil. à café de cumin en poudre

1 cuil. à soupe d'huile de maïs

1 oignon, coupé en dés

6 cuil. à soupe de beurre
de cacahuètes avec des éclats

1 cuil. à café de concentré
de tomates

1 cuil. à café de jus de citron vert
frais

CONSEIL

Pour éviter qu'elles ne brûlent,
trempez les brochettes dans l'eau
froide 30 minutes avant
d'y piquer la viande..

1 Couper l'agneau en tranches fines.
Les mettre dans un grand plat.

2 Mélanger dans une terrine la pâte
de curry, le lait de coco, l'ail,
le piment en poudre et le cumin.
Verser sur l'agneau, bien mélanger,
couvrir et laisser mariner 30 minutes.

3 Pour la sauce satay, faire chauffer
l'huile dans un grand wok, y faire
revenir l'oignon 5 minutes, puis réduire
le feu et cuire 5 minutes.

4 Ajouter le beurre de cacahuètes,
le concentré de tomates, le jus
de citron vert et 100 ml d'eau froide
dans le wok et bien mélanger.

5 Réserver la marinade et piquer
la viande sur des brochettes
en bois.

6 Rôtir les brochettes au gril chaud
6 à 8 minutes en les retournant
une fois.

7 Entre-temps, ajouter la marinade
dans le wok, porter à ébullition
et cuire 5 minutes. Servir les brochettes
d'agneau avec la sauce satay.

agneau sauté à l'orange

4 personnes

450 g d'agneau, haché

2 gousses d'ail, hachées

1 cuil. à café de graines de cumin

1 cuil. à café de coriandre en poudre

1 oignon rouge, émincé

zeste finement râpé et jus d'une
orange

2 cuil. à soupe de sauce de soja
claire

1 orange, pelée et coupée
en quartiers

sel et poivre

ciboulette fraîche ciselée, en garniture

1 Faire chauffer un wok ou une sauteuse sans matière grasse.

2 Faire revenir l'agneau 5 minutes, jusqu'à ce que la viande soit saisie uniformément. Retirer toute graisse superflue du wok.

3 Ajouter l'ail, les graines de cumin, la coriandre et l'oignon rouge et faire cuire encore 5 minutes.

4 Ajouter en remuant le zeste finement râpé et le jus d'orange et la sauce de soja, couvrir, réduire le feu et laisser cuire à feu doux 15 minutes en remuant de temps en temps.

5 Ôter le couvercle, augmenter le feu, ajouter les quartiers d'orange, le sel et le poivre et chauffer encore 2 à 3 minutes.

6 Disposer sur des assiettes chaudes et garnir de ciboulette fraîche ciselée. Servir immédiatement.

foie d'agneau aux poivrons verts et xérès

4 personnes

450 g de foie d'agneau

3 cuil. à soupe de maïzena

2 cuil. à soupe d'huile d'arachide

1 oignon, émincé

2 gousses d'ail, hachées

2 poivrons verts, épépinés
   et émincés

2 cuil. à soupe de concentré
   de tomates

3 cuil. à soupe de xérès sec

2 cuil. à soupe de sauce de soja
   épaisse

1 Dégraisser complètement les foies d'agneau et les couper en fines lanières.

2 Mettre 2 cuillerées à soupe de maïzena dans une terrine.

3 Ajouter les lanières de foie d'agneau et bien les enrober de maïzena sur tous les côtés.

4 Faire chauffer l'huile d'arachide dans un grand wok préchauffé.

5 Faire revenir le foie d'agneau, l'oignon, l'ail et le poivron vert 6 à 7 minutes, jusqu'à ce que le foie d'agneau soit juste cuit et les légumes tendres.

6 Mélanger le concentré de tomates, le xérès, 1 cuillerée à soupe de maïzena et la sauce de soja. Verser ce mélange dans le wok en remuant et cuire encore 2 minutes, pour faire réduire la sauce. Verser dans des bols chauds et servir immédiatement.

sauté de venaison aigre-doux

4 personnes

1 botte d'oignons verts

1 poivron rouge

100 g de pois mange-tout

100 g de mini-épis de maïs

350 g de steaks de venaison maigre
(chevreuil, sanglier…)

1 cuil. à soupe d'huile

1 gousse d'ail, hachée

1 morceau de gingembre frais
de 2,5 cm, râpé et haché

3 cuil. à soupe de sauce de soja claire,
un peu plus en accompagnement

1 cuil. à soupe de vinaigre
de vin blanc

2 cuil. à soupe de xérès sec

2 cuil. à café de miel d'acacia

225 g de morceaux d'ananas
au naturel en boîte, égouttés

25 g de germes de soja

riz cuit à la vapeur,
en accompagnement

1 Éplucher les oignons verts et les couper en morceaux de 2,5 cm. Couper le poivron en deux, l'épépiner et le couper en morceaux de 2,5 cm. Ébouter les pois et parer le maïs.

2 Dégraisser la viande et l'émincer. Faire chauffer l'huile dans une grande poêle ou un wok préchauffés, et faire revenir la viande, l'ail et le gingembre 5 minutes en remuant.

3 Ajouter l'oignon vert, le poivron, les mange-tout, le maïs, la sauce de soja, le vinaigre, le xérès et le miel. Cuire en remuant 5 minutes à feu vif.

4 Ajouter délicatement les morceaux d'ananas et les germes de soja, remuer et cuire encore 1 à 2 minutes pour bien réchauffer. Servir avec du riz cuit à la vapeur et un petit bol de sauce de soja pour tremper.

VARIANTE

Pour un plat rapide et nourrissant, cuire 225 g de nouilles aux œufs dans de l'eau bouillante 3 minutes. Égouttez-les et ajoutez-les dans la poêle à l'étape 4, avec l'ananas et les germes de soja. Mélangez bien. Ajoutez 2 cuillerées à soupe de sauce de soja afin que le sauté ne soit pas trop sec.

Poissons et fruits de mer

Dans tous les pays d'Extrême-Orient, les poissons et les fruits de mer ont une place essentielle dans le régime alimentaire, car ce sont des aliments à la fois nourrissants et très sains. De plus, poissons et fruits de mer se cuisinent de multiples façons au wok : cuits à la vapeur, frits ou sautés avec toute une variété d'épices et de sauces délicieuses.

Le Japon est réputé pour son sashimi (poisson cru), mais ce n'est là qu'une facette du large éventail de plats de poissons que l'on y trouve. Chaque repas, ou presque, au Japon se compose de poisson ou de fruits de mer, souvent cuits au wok.

C'est la fraîcheur de ces aliments qui est à privilégier pour réaliser toutes ces recettes, aussi veillez à acheter et à cuisiner le poisson de votre choix le plus vite possible après l'achat, de préférence le jour même.

sauté de thon et de légumes

4 personnes

225 g de carottes, épluchées

2 cuil. à soupe d'huile de maïs

1 oignon, émincé

175 g de pois mange-tout

450 g de thon frais

175 g de mini-épis de maïs,
    coupés en deux

2 cuil. à soupe de nuoc mam

1 cuil. à soupe de sucre de palme

2 cuil. à soupe de xérès

zeste finement râpé et jus
    d'une orange

1 cuil. à café de maïzena

riz ou nouilles, en accompagnement

VARIANTE

Essayez avec des darnes
d'espadon. On les trouve
aujourd'hui facilement
et leur consistance est semblable
à celle du thon.

1 À l'aide d'un couteau tranchant, découper les carottes en julienne.

2 Faire chauffer l'huile de maïs dans un grand wok préchauffé.

3 Faire revenir l'oignon, les carottes, les pois mange-tout et les épis de maïs 5 minutes.

4 À l'aide d'un couteau tranchant, couper le thon en tranches fines.

5 Ajouter le thon dans le wok et faire cuire 2 à 3 minutes, jusqu'à ce qu'il devienne opaque.

6 Mélanger le nuoc mam, le sucre de palme, le zeste et le jus d'orange, le xérès et la maïzena.

7 Verser sur le thon et les légumes, cuire environ 2 minutes, jusqu'à ce que la sauce ait réduit. Servir avec du riz ou des nouilles.

lotte sautée au gingembre

4 personnes

450 g de queue de lotte

1 cuil. à soupe de gingembre
   frais râpé

2 cuil. à soupe de sauce
   au piment douce

1 cuil. à soupe d'huile de maïs

100 g de petites asperges vertes

3 oignons verts, émincés

1 cuil. à café d'huile de sésame

1 À l'aide d'un couteau tranchant, ôter soigneusement toute la membrane grise qui recouvre la lotte ; couper à hauteur de l'arête dorsale, la retirer. Couper la lotte en petites rondelles plates et réserver.

2 Mélanger le gingembre et la sauce au piment dans un petit bol. Passer le mélange de gingembre et de sauce au piment au pinceau sur la lotte.

3 Faire chauffer l'huile de maïs dans un grand wok préchauffé.

4 Faire revenir la lotte, les asperges et les oignons verts 5 minutes. Remuer délicatement pour éviter que les morceaux de lotte ne se délitent.

5 Retirer le wok du feu, verser un filet d'huile de sésame sur le sauté et bien mélanger.

6 Disposer sur des assiettes chaudes et servir immédiatement.

poêlée de lotte aux gombos

4 personnes

750 g de filets de lotte, coupés
en dés de 3 cm

250 g de gombos

2 cuil. à soupe d'huile de tournesol

1 oignon, émincé

1 gousse d'ail, hachée

1 morceau de gingembre frais
de 2,5 cm, émincé

150 ml de lait de coco
ou de bouillon de poisson

2 cuil. à café de garam masala

MARINADE

3 cuil. à soupe de jus de citron

écorce râpée d'un citron

¼ de cuil. à café d'anis

½ cuil. à café de sel

½ cuil. à café de poivre

GARNITURE

4 tranches de citron vert

brins de coriandre fraîche

1 Pour faire la marinade, mélanger tous les ingrédients dans une terrine. Incorporer les morceaux de lotte dans la terrine et laisser mariner 1 heure.

2 Porter à ébullition une casserole d'eau, y plonger les gombos et laisser bouillir 4 à 5 minutes. Égoutter et couper les gombos en rondelles de 1 cm.

3 Dans un wok préchauffé, faire chauffer l'huile et faire revenir l'oignon. Il doit être bien doré. Ajouter l'ail et le gingembre, et faire revenir 1 minute. Ajouter le poisson et faire revenir 2 minutes.

4 Incorporer les gombos, le lait de coco ou le bouillon de poisson et le garam masala, puis laisser mijoter 10 minutes. Servir garnir avec des tranches de citron vert et de la coriandre fraîche.

119

poisson à la noix de coco et au basilic

4 personnes

2 cuil. à soupe d'huile

450 g de filets de cabillaud,
   sans la peau

25 g de farine assaisonnée

1 gousse d'ail, hachée

2 cuil. à soupe de pâte
   de curry rouge thaïlandais

1 cuil. à soupe de nuoc mam

300 ml de lait de coco

175 g de tomates cerises,
   coupées en deux

20 feuilles de basilic frais

riz parfumé, en accompagnement

CONSEIL

Après avoir ajouté les tomates,
veillez à ne pas cuire trop le plat
pour éviter qu'elles ne se
décomposent et ne perdent
leur peau.

1 Faire chauffer l'huile dans un grand wok préchauffé.

2 Couper le poisson en gros cubes en veillant à ôter toutes les arêtes à l'aide d'une pince à épiler.

3 Mettre la farine assaisonnée dans une terrine, ajouter les cubes de poisson et mélanger pour les enrober.

4 Faire revenir les cubes de poisson à feu vif 3 à 4 minutes, jusqu'à ce qu'ils commencent juste à dorer sur les bords.

5 Mélanger dans une terrine l'ail, la pâte de curry, le nuoc mam et le lait de coco. Verser le mélange sur le poisson et porter à ébullition.

6 Ajouter les tomates au mélange dans le wok et laisser cuire à feu doux 5 minutes.

7 Ciseler les feuilles de basilic. Les ajouter dans le wok et remuer en veillant à ne pas émietter le poisson.

8 Disposer sur des assiettes chaudes et servir chaud, accompagné de riz parfumé.

cabillaud sauté à la mangue

4 personnes

175 g de carottes, épluchées

2 cuil. à soupe d'huile

1 oignon rouge, émincé

1 poivron rouge, épépiné et émincé

1 poivron vert, épépiné et émincé

450 g de filets de cabillaud,
    sans la peau

1 mangue mûre

1 cuil. à café de maïzena

1 cuil. à soupe de sauce de soja
    claire

100 ml de jus de fruits exotiques

1 cuil. à soupe de jus de citron vert

1 cuil. à soupe de coriandre ciselée

1 À l'aide d'un couteau tranchant, couper les carottes en julienne.

2 Faire chauffer l'huile dans un wok préchauffé. Faire revenir l'oignon, les carottes et les poivrons 5 minutes.

3 À l'aide d'un couteau tranchant, couper le cabillaud en cubes. Éplucher la mangue et couper la chair en tranches fines.

4 Ajouter le cabillaud et la mangue aux légumes dans le wok et faire cuire 4 à 5 minutes, le poisson doit être bien cuit. Ne pas trop remuer pour éviter d'émietter le poisson.

5 Mélanger dans un bol la maïzena, la sauce de soja, le jus de fruits et le jus de citron vert. Verser le mélange sur le sauté et laisser frémir et épaissir le jus. Parsemer de coriandre.

filets de poisson braisés

4 personnes

3 ou 4 petits champignons
  chinois séchés
300 à 350 g de filets de poisson
1 cuil. à café de sel
½ blanc d'œuf, légèrement battu
1 cuil. à café de maïzena
600 ml d'huile
2 oignons verts, finement hachés
1 cuil. à café de gingembre
  frais haché
1 gousse d'ail, finement hachée
½ petit poivron vert, épépiné
  et coupé en dés
½ petite carotte, coupée en julienne
60 g de pousses de bambou
  en boîte, rincées et égouttées
½ cuil. à café de sucre
1 cuil. à soupe de sauce de soja claire
1 cuil. à café de vin de riz
  ou de xérès
1 cuil. à soupe de sauce
  de haricots pimentée
2 à 3 cuil. à soupe de bouillon
  de légumes ou d'eau
quelques gouttes d'huile de sésame

1 Faire tremper les champignons 30 minutes dans de l'eau chaude. Égoutter sur du papier absorbant. Réserver éventuellement l'eau de trempage pour faire une soupe. Presser les champignons pour extraire l'humidité, éliminer les pieds durs et émincer finement.

2 Couper le poisson en cubes, les mettre dans un plat et bien mélanger avec une pincée de sel, le blanc d'œuf et la maïzena.

3 Faire chauffer l'huile dans un wok préchauffé. Frire les morceaux de poisson 1 minute environ. Les retirer à l'aide d'une écumoire et les égoutter sur du papier absorbant.

4 Vider le wok de l'huile sauf 1 cuillerée à soupe environ. Ajouter le gingembre, les oignons et l'ail pour parfumer l'huile quelques secondes, puis le poivron, les carottes et les pousses de bambou et faire cuire 1 minute.

5 Ajouter le sucre, la sauce de soja, le vin, la sauce de haricots pimentée, le bouillon ou l'eau et le sel restant et porter à ébullition. Ajouter le poisson, mélanger pour les recouvrir de sauce et braiser 1 minute. Verser l'huile de sésame et servir immédiatement.

crevettes à la noix de coco

4 personnes

50 g de noix de coco séchée, râpée

25 g de chapelure fraîche

1 cuil. à café de poudre
de cinq-épices chinois

½ cuil. à café de sel

zeste finement râpé d'un citron vert

1 blanc d'œuf

450 g de crevettes roses

huile de tournesol ou de maïs,
pour la friture

quartiers de citron, en garniture

CONSEIL

Si les crevettes sont surgelées,
faites-les décongeler avant
de les cuisiner. Les crevettes
crues sont meilleures pour
ce plat, mais si vous ne pouvez
pas vous en procurer, optez pour
des crevettes cuites
et décortiquez-les vous-même.

1 Mélanger dans une terrine la noix de coco séchée, la chapelure, la poudre de cinq-épices, le sel et le zeste de citron vert.

2 Dans une autre terrine, battre le blanc d'œuf légèrement.

3 Rincer les crevettes à l'eau froide et sécher avec du papier absorbant.

4 Passer les crevettes dans le blanc d'œuf, puis dans le mélange de noix de coco et de chapelure pour qu'elles soient bien enrobées.

5 Faire chauffer 5 cm d'huile de tournesol ou de maïs dans un grand wok préchauffé.

6 Faire revenir les crevettes 5 minutes, jusqu'à ce qu'elles soient dorées et croustillantes.

7 Retirer les crevettes à l'aide d'une écumoire, les poser sur du papier absorbant et les laisser égoutter.

8 Disposer les crevettes à la noix de coco sur des assiettes chaudes et garnir de quartiers de citron. Servir immédiatement.

omelette aux crevettes

4 personnes

2 cuil. à soupe d'huile de tournesol

4 oignons verts

350 g de crevettes, décortiquées

100 g de germes de soja

1 cuil. à café de maïzena

1 cuil. à soupe de sauce
   de soja claire

6 œufs

1 Faire chauffer l'huile de tournesol
dans un grand wok préchauffé.

2 Ébarber les oignons
et les couper en tronçons.

3 Faire revenir les crevettes,
les oignons et les germes
de soja environ 2 minutes.

4 Mélanger dans un bol la maïzena
et la sauce de soja.

5 Battre les œufs avec 3 cuillerées
à soupe d'eau froide et les ajoute
au mélange de maïzena et de sauce
de soja.

6 Verser la préparation dans le wok
et cuire environ 5 à 6 minutes,
jusqu'à ce que le mélange prenne.

7 Disposer l'omelette sur un plat
de service et la couper
en quatre pour servir.

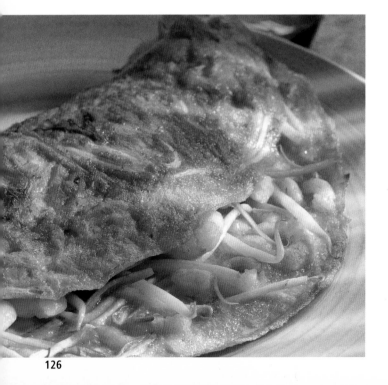

gambas aux tomates épicées

4 personnes

2 cuil. à soupe d'huile de maïs

1 oignon

2 gousses d'ail, hachées

1 cuil. à café de grains de cumin

1 cuil. à soupe de sucre roux

400 g de tomates concassées
en boîte

1 cuil. à soupe de basilic frais ciselé

1 cuil. à soupe de concentré
de tomates séchées au soleil

450 g de gambas, décortiquées

sel et poivre

CONSEIL

Incisez les gambas
à l'aide d'un couteau tranchant
et retirez la veine noire
avec la pointe du couteau.

1 Faire chauffer l'huile de maïs
dans un grand wok préchauffé.

2 À l'aide d'un couteau tranchant,
couper finement l'oignon.

3 Faire revenir l'oignon et l'ail
2 à 3 minutes, jusqu'à ce qu'ils
soient tendres.

4 Ajouter en remuant les graines
de cumin et faire cuire 1 minute.

5 Ajouter le sucre, les tomates
et le concentré de tomates
séchées au soleil. Porter à ébullition et
réduire le feu. Laisser cuire 10 minutes.

6 Ajouter le basilic, les gambas,
saler et poivrer. Augmenter le feu
et cuire encore 2 à 3 minutes, jusqu'à
ce que les gambas soient parfaitement
cuites.

marmite de fruits de mer épicée

4 personnes

500 g de filets de poisson à chair
    blanche et ferme, de préférence
    de la lotte ou du flétan

200 g de calmars, vidés

1 cuil. à soupe d'huile de tournesol

4 échalotes, finement émincées

2 gousses d'ail, finement hachées

2 cuil. à soupe de pâte
    de curry verte thaïlandaise

2 petites tiges de lemon-grass,
    finement hachées

1 cuil. à café de pâte de crevette

450 ml de lait de coco

200 g de gambas crues,
    décortiquées et déveinées

12 clams frais, nettoyés,
    dans leur coquille

8 feuilles de basilic, coupées
    en fines lanières

riz, en accompagnement

CONSEIL

Vous pouvez remplacer les clams
par des moules fraîches dans leur
coquille. Ajoutez-les à l'étape 4
et continuez comme indiqué.

1 Couper le poisson en cubes
et les calmars en anneaux épais.

2 Faire chauffer l'huile dans un wok
ou une grande sauteuse et faire
revenir les échalotes, l'ail et la pâte
de curry 1 à 2 minutes. Ajouter
le lemon-grass et la pâte de crevette,
incorporer le lait de coco et porter
à ébullition.

3 Réduire le feu jusqu'à
ce que le mélange frémisse,
puis ajouter le poisson, les calmars
et les gambas, et laisser cuire
2 minutes.

4 Ajouter les clams et laisser cuire
encore 1 minute, jusqu'à
ce que les clams s'ouvrent. Jeter
ceux qui sont restés fermés.

5 Parsemer le plat de feuilles
de basilic et servir
immédiatement, accompagné de riz.

légumes aux crevettes et aux œufs

4 personnes

225 g de courgettes

3 cuil. à soupe d'huile

2 œufs

225 g de carottes, râpées

1 oignon, émincé

150 g de germes de soja

225 g de crevettes, décortiquées

2 cuil. à soupe de sauce de soja claire

1 pincée de poudre de cinq-épices chinois

25 g de cacahuètes, concassées

2 cuil. à soupe de coriandre fraîche ciselée

1 Râper finement les courgettes à la main ou dans un robot de cuisine.

2 Faire chauffer 1 cuillerée à soupe d'huile dans un wok préchauffé.

3 Battre les œufs avec 2 cuillerées à soupe d'eau froide. Verser le mélange dans le wok et cuire 2 à 3 minutes, jusqu'à ce que les œufs prennent.

4 Retirer l'omelette du wok et la disposer sur une planche. La plier, la couper en lanières et la réserver.

5 Verser le reste d'huile dans le wok. Ajouter les carottes, les oignons et les courgettes et faire cuire 5 minutes.

6 Ajouter les germes de soja et les crevettes et cuire encore 2 minutes, jusqu'à ce que les crevettes soient cuites.

7 Ajouter la sauce de soja, la poudre de cinq-épices chinois et les cacahuètes, ainsi que l'omelette, et faire chauffer. Garnir de coriandre fraîchement ciselée et servir.

gambas au gingembre croquant

4 personnes

1 morceau de gingembre frais
de 5 cm

huile d'arachide, pour la friture

1 oignon, coupé en dés

225 g de carottes, coupées en dés

100 g de petits pois surgelés

100 g de germes de soja

450 g de gambas, décortiquées

1 cuil. à café de poudre
de cinq-épices chinois

1 cuil. à soupe de concentré
de tomates

1 cuil. à soupe de sauce de soja

1 Éplucher le gingembre et le couper en bâtonnets très fins.

2 Faire chauffer environ 2,5 cm d'huile dans un grand wok réchauffé. Faire revenir le gingembre minute, jusqu'à ce qu'il soit croustillant. Le retirer à l'aide d'une écumoire et égoutter sur du papier absorbant. Réserver.

3 Vider le wok de toute l'huile sauf 2 cuillerées à soupe environ. Ajouter les oignons et les carottes et faire cuire 5 minutes. Ajouter les petits pois et les germes de soja et faire cuire 2 minutes.

4 Rincer les gambas à l'eau froide et les sécher soigneusement sur du papier absorbant.

5 Mélanger la poudre de cinq-épices chinois, le concentré de tomates et la sauce de soja. Badigeonner les gambas avec le mélange obtenu.

6 Ajouter les gambas dans le wok et faire cuire encore 2 minutes, jusqu'à ce qu'elles soient parfaitement cuites. Verser la préparation de gambas dans un plat de service chaud et garnir avec le gingembre croustillant réservé. Servir immédiatement.

pinces de crabe sautées au piment

4 personnes

700 g de pinces de crabe

1 cuil. à soupe d'huile de maïs

2 gousses d'ail, hachées

1 cuil. à soupe de gingembre
    frais râpé

3 piments rouges, épépinés
    et finement émincés

2 cuil. à soupe de sauce
    au piment douce

3 cuil. à soupe de ketchup

300 ml de bouillon de poisson, froid

1 cuil. à soupe de maïzena

sel et poivre

1 cuil. à soupe de ciboulette
    fraîche ciselée

CONSEIL

À la place des pinces
de crabe, prenez un crabe entier
coupé en huit morceaux.

---

1 Ouvrir doucement les pinces de crabe avec un casse-noix, pour que les saveurs du piment, du gingembre et de l'ail puissent l'imprégner pleinement.

2 Faire chauffer l'huile de maïs dans un grand wok préchauffé.

3 Faire revenir les pinces de crabe 5 minutes environ.

4 Ajouter l'ail, les piments et le gingembre, et faire cuire environ 1 minute en retournant les pinces pour les enrober d'épices.

5 Mélanger dans un bol la sauce pimentée, le ketchup, le bouillon de poisson et la maïzena.

6 Ajouter le mélange au piment et à la maïzena dans le wok et cuire en remuant de temps en temps, jusqu'à ce que la sauce commence à épaissir. Saler et poivrer.

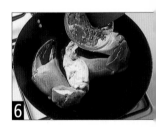

7 Disposer les pinces de crabe et la sauce au piment sur des assiettes chaudes et garnir abondamment de ciboulette fraîche ciselée. Servir immédiatement.

riz au crabe et aux moules

4 personnes

300 g de riz long grain

175 g de chair de crabe blanche
fraîche, en boîte ou surgelée et
décongelée, ou 8 bâtonnets
de surimi, décongelés si surgelés

2 cuil. à soupe d'huile de tournesol

1 morceau de gingembre frais
de 2,5 cm, râpé

4 oignons verts, finement
émincés en biais

125 g de pois mange-tout,
coupés en 2 ou 3 morceaux

½ cuil. à café de curcuma en poudre

1 cuil. à café de cumin en poudre

400 g de moules en boîte,
bien égouttées, ou 350 g
de moules surgelées,
décongelées

425 g de germes de soja
en boîte, bien égouttés

sel et poivre

2 Pendant ce temps, sortir la chair
de crabe (en cas d'utilisation
de crabe frais). L'émietter ou couper
les surimi en 3 ou 4 morceaux.

3 Dans un wok préchauffé, faire
chauffer l'huile puis faire revenir
le gingembre et les oignons verts 1 à
2 minutes. Ajouter les pois mange-tout
et cuire encore 1 minute. Saupoudrer
de curcuma, de cumin, de sel et de
poivre, et mélanger.

4 Ajouter la chair de crabe et les
moules, et faire revenir 1 minute.
Incorporer le riz cuit et les germes de
soja, et faire revenir 2 minutes, jusqu'à
ce que mélange soit bien chaud.

5 Rectifier l'assaisonnement
et servir immédiatement.

1 Dans une grande casserole d'eau
bouillante légèrement salée,
faire cuire le riz 12 à 15 minutes,
pour l'attendrir. Égoutter, rincer
avec de l'eau bouillante et égoutter
de nouveau.

curry de crabe

4 personnes

2 cuil. à soupe d'huile de moutarde

1 cuil. à soupe de ghee (beurre
   clarifié)

1 oignon, finement haché

1 morceau de gingembre frais
   de 5 cm, râpé

2 gousses d'ail, épluchées, entières

1 cuil. à café de curcuma en poudre

1 cuil. à café de sel

1 cuil. à café de poudre de piment

2 piments verts frais, hachés

1 cuil. à café de paprika

125 g de chair de crabe brune

350 g de chair de crabe blanche

250 ml de yaourt nature

1 cuil. à café de garam masala

riz basmati cuit, en
   accompagnement

coriandre fraîche, en garniture

1 Dans un wok ou une grande
sauteuse préchauffés, faire
chauffer l'huile de moutarde.

2 Quand elle commence à fumer,
ajouter le ghee et l'oignon et faire
revenir 3 minutes à feu moyen jusqu'à
ce que l'oignon soit tendre.

3 Incorporer le gingembre râpé
et les gousses d'ail entières.

4 Ajouter curcuma, sel, poudre de
piment, piments et paprika.

5 Augmenter le feu sous le wok,
ajouter la chair de crabe
et le yaourt, puis laisser mijoter
10 minutes, en remuant de temps
en temps, jusqu'à ce que la sauce
épaississe légèrement.

6 Saupoudrer du garam masala
à son goût sur la préparation
et remuer pour mélanger.

7 Servir chaud sur un lit de riz
basmati nature, garni avec
de la coriandre hachée ou en brins.

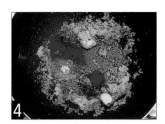

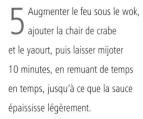

riz sauté au crabe

4 personnes

150 g de riz long

2 cuil. à soupe d'huile d'arachide

125 g de chair de crabe blanche
en boîte, égouttée

1 poireau, émincé

150 g de germes de soja

2 œufs, légèrement battus

1 cuil. à soupe de sauce de soja claire

1 cuil. à café d'huile de sésame

2 cuil. à café de jus de citron vert

sel

rondelles de citron vert,
en garniture

VARIANTE

Pour un plat de fête,
vous pouvez remplacer le crabe
par du homard cuit.

---

1 Faire cuire le riz environ 15 minutes à l'eau bouillante salée. Bien égoutter, rincer sous l'eau froide et égoutter de nouveau.

2 Faire chauffer l'huile d'arachide dans un wok préchauffé ou une sauteuse.

3 Ajouter le crabe, le poireau et les germes de soja et faire revenir 2 à 3 minutes. Retirer le mélange du wok à l'aide d'une écumoire et réserver.

4 Ajouter les œufs et cuire 2 à 3 minutes, en remuant de temps en temps, jusqu'à ce qu'ils commencent à prendre.

5 Incorporer le riz et la préparation au crabe aux œufs, dans le wok.

6 Ajouter la sauce de soja et le jus de citron vert. Faire cuire 1 minute en remuant pour bien mélanger, puis arroser d'un filet d'huile de sésame.

7 Transférer le riz sauté au crabe dans un plat, garnir de rondelles de citron vert et servir immédiatement.

crabe au gingembre

4 personnes

1 gros tourteau ou 2 tourteaux
  moyens, pour un poids total
  d'environ 750 g
2 cuil. à soupe de vin de riz
  ou de xérès sec
1 œuf, légèrement battu
1 cuil. à soupe de maïzena
3 ou 4 cuil. à soupe d'huile
1 cuil. à soupe de gingembre frais
  finement haché
3 ou 4 oignons verts, coupés
  en petits tronçons
2 cuil. à soupe de sauce de soja claire
1 cuil. à café de sucre
5 cuil. à soupe de bouillon
  de poisson ou d'eau
½ cuil. à café d'huile de sésame
feuilles de coriandre fraîche,
  pour décorer

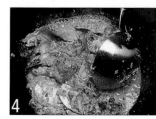

1 Couper le crabe en deux par en
  dessous. Séparer les pinces puis
les casser avec le plat d'un couperet
ou un grand couteau de cuisine.

2 Jeter les pattes et casser
  la carapace en plusieurs
morceaux. Jeter les branchies des deux
côtés du corps et la poche stomacale.
Mettre la chair dans une terrine.

3 Mélanger le vin de riz ou
  le xérès avec l'œuf et la maïzena.
Verser le mélange sur la chair de crabe
et laisser mariner 10 à 15 minutes.

4 Dans un wok préchauffé, faire
  chauffer l'huile et faire revenir
la chair de crabe 2 ou 3 minutes avec
le gingembre haché et les oignons verts.

5 Ajouter la sauce de soja, le sucre
  et le bouillon ou l'eau. Mélanger
puis porter à ébullition, couvrir et laisser
mijoter 3 ou 4 minutes. Découvrir, arroser
d'huile de sésame, garnir avec des
feuilles de coriandre et servir.

chou chinois aux champignons shiitake

4 personnes

225 g de champignons shiitake

2 cuil. à soupe d'huile

2 gousses d'ail, hachées

6 oignons verts, émincés

1 tête de chou chinois,
   coupée en lanières

1 cuil. à soupe de pâte de curry douce

6 cuil. à soupe de lait de coco

200 g de chair de crabe blanche
   en boîte, égouttée

1 cuil. à café de piment en flocons

6 Ajouter le mélange de pâte
de curry et de lait de coco
dans le wok avec la chair de crabe
et les flocons de piment.

7 Bien mélanger et chauffer
jusqu'à ce que le jus commence
à bouillonner.

8 Verser dans des bols chauds
et servir immédiatement.

1 Couper les champignons
en tranches.

2 Faire chauffer l'huile dans un grand
wok préchauffé.

3 Faire revenir les champignons
et l'ail 3 minutes, jusqu'à ce
que les champignons soient tendres.

4 Ajouter les oignons et les lanières
de chou chinois et faire cuire
jusqu'à ce que le chou se flétrisse.

5 Mélanger dans un bol la pâte
de curry et le lait de coco.

moules à la sauce aux haricots noire et aux épinards

4 personnes

350 g de poireaux

350 g de moules vertes, cuites
(sans leurs coquilles)

1 cuil. à café de graines de cumin

2 cuil. à soupe d'huile

2 gousses d'ail, hachées

50 g de pousses de bambou
en boîte, égouttées

1 poivron rouge, émincé

175 g de jeunes pousses d'épinards

160 g de sauce aux haricots noire

CONSEIL

À défaut de moules vertes
fraîches, on peut en acheter
en boîte ou en bocaux dans
la plupart des grands
supermarchés.

1 Nettoyer les poireaux
et les couper en lanières
à l'aide d'un couteau tranchant.

2 Mettre les moules vertes
dans une terrine, les parsemer
des graines de cumin et bien mélanger.

3 Faire chauffer l'huile
dans un grand wok préchauffé,
jusqu'à ce qu'elle soit très chaude.

4 Faire revenir les poireaux, l'ail
et le poivron rouge 5 minutes,
jusqu'à ce que les légumes soient
tendres.

5 Ajouter les pousses de bambou,
les pousses d'épinards et les
moules vertes et faire cuire environ
2 minutes.

6 Verser la sauce de soja noire
sur les ingrédients du wok,
mélanger et laisser cuire à feu doux
quelques secondes en remuant
de temps en temps.

7 Remplir des bols chauds du sauté
et servir immédiatement.

beignets de noix Saint-Jacques

4 personnes

100 g de haricots verts fins
1 piment rouge
1 œuf
450 g de noix de Saint-Jacques
3 oignons verts, émincés
50 g de farine de riz
1 cuil. à soupe de nuoc mam
huile, pour la friture

1 Équeuter les haricots verts
et les couper en morceaux très fins.

2 Épépiner et hacher finement
le piment rouge.

3 Porter une casserole d'eau
légèrement salée à ébullition.
Ajouter les haricots verts et cuire
3 à 4 minutes, jusqu'à ce qu'ils soient
juste tendres.

4 Couper grossièrement les noix
de Saint-Jacques et les mettre
dans une terrine. Ajouter les haricots.

5 Mélanger l'œuf, les oignons,
la farine de riz, le nuoc mam
et le piment. Ajouter aux noix
de Saint-Jacques et bien mélanger.

6 Faire chauffer environ 2,5 cm
d'huile dans un wok préchauffé.
Ajouter une louche du mélange aux noix
de Saint-Jacques et cuire 5 minutes.
Le beignet doit être bien doré.

7 Le retirer du wok et l'égoutter sur
du papier absorbant. Recommencer
avec le reste du mélange. Servir
les beignets chauds avec une sauce
au piment douce pour les y tremper.

noix de Saint-Jacques à la sauce au beurre

4 personnes

450 g de noix de Saint-Jacques

6 oignons verts

2 cuil. à soupe d'huile

1 piment vert, épépiné et
émincé

3 cuil. à soupe de sauce
de soja claire

50 g de beurre coupé en dés

CONSEIL

Pour ôter les noix des coquilles Saint-Jacques, glissez un couteau sous la membrane pour la détacher et coupez le muscle épais qui fixe la chair à la coquille. Jetez le sac gastrique noir et la veine intestinale.

1 Rincer les noix de Saint-Jacques à l'eau froide et sécher avec du papier absorbant.

2 Couper chaque noix en deux dans l'épaisseur.

3 À l'aide d'un couteau tranchant, parer et émincer les oignons verts.

4 Faire chauffer l'huile dans un grand wok préchauffé ou une sauteuse en la répartissant bien sur le fond du récipient.

5 Faire revenir à feu vif le piment, les oignons et les noix de Saint-Jacques 4 à 5 minutes, jusqu'à ce que les noix soient juste cuites.

6 Ajouter la sauce de soja et le beurre au sauté de noix de Saint-Jacques et faire chauffer jusqu'à ce que le beurre fonde.

7 Verser dans des bols chauds et servir chaud.

143

poêlée de Saint-Jacques marinées

4 personnes

750 g de noix Saint-Jacques,
enlevées de leur coquille

2 cuil. à soupe d'huile de tournesol

2 oignons, hachés

3 tomates, coupées en quatre

2 piments verts frais, émincés

4 tranches de citron vert, pour décorer

MARINADE

3 cuil. à soupe de coriandre fraîche
hachée

1 morceau de gingembre frais
de 2,5 cm, râpé

1 cuil. à café de coriandre en poudre

3 cuil. à soupe de jus de citron

zeste râpé d'un citron

¼ de cuil. à café de poivre

½ cuil. à café de sel

½ cuil. à café de cumin en poudre

1 gousse d'ail, hachée

CONSEIL

Mieux vaut acheter des Saint-Jacques
fraîches, encore dans leur coquille avec
la laitance (pour cette recette, 1,5 kg).
Votre poissonnier vous les nettoiera
et vous les enlèvera de leur coquille.

1 Pour faire la marinade, mélanger
les ingrédients dans une terrine.

2 Mettre les noix de Saint-Jacques
dans une terrine y ajouter
la marinade. Bien tourner les noix

Saint-Jacques pour bien les enrober
de marinade.

3 Recouvrir la terrine de film
alimentaire et laisser mariner au
moins 1 heure, une nuit si possible, au
réfrigérateur.

4 Dans un wok préchauffé, faire
chauffer l'huile puis faire fondre
l'oignon 5 minutes.

5 Ajouter les tomates et les piments
puis faire revenir 1 minute.

6 Ajouter les noix de Saint-Jacques
puis faire revenir 6 à 8 minutes.
Les noix de Saint-Jacques doivent être
bien cuites, mais rester fondantes
à cœur.

7 Servir immédiatement, garni avec
des tranches de citron vert.

sauté de calmars à la sauce aux haricots noire

4 personnes

700 g de calmars, nettoyés
1 gros poivron rouge, épépiné
120 g de pois mange-tout, épluchés
1 pak-choi
3 cuil. à soupe de sauce
     aux haricots noire
1 cuil. à soupe de nuoc mam thaï
1 cuil. à soupe de vin de riz
1 cuil. à soupe de sauce
     de soja épaisse
1 cuil. à café de sucre roux
1 cuil. à café de maïzena
1 cuil. à soupe d'eau
1 cuil. à soupe d'huile de tournesol
1 cuil. à café d'huile de sésame
1 gousse d'ail, finement hachée
1 petit piment-oiseau rouge,
     coupé en morceaux
1 cuil. à café de gingembre frais râpé
2 oignons verts, émincés

1 Jeter les tentacules des calmars. Couper le manteau en 4 dans la longueur. Avec la pointe d'un couteau tranchant, pratiquer des entailles en forme de damier sur les calmars, sans transpercer la chair. Sécher sur du papier absorbant.

2 Couper le poivron en longues lanières. Couper les pois mange-tout en biais en deux. Râper grossièrement le pak-choi.

3 Mélanger la sauce aux haricots noire avec le nuoc mam, le vin de riz, la sauce de soja et le sucre. Délayer la maïzena dans l'eau et ajouter la pâte obtenue à la sauce. Réserver.

4 Faire chauffer les huiles dans un wok. Mettre l'ail, le piment, le gingembre et l'oignon vert, et faire revenir environ 1 minute. Ajouter le poivron et faire cuire 2 minutes.

5 Ajouter les calmars et faire cuire encore 1 minute à feu vif. Incorporer les pois mange-tout et le pak-choi, et faire cuire encore 1 minute, en remuant, jusqu'à ce que les feuilles soient flétries.

6 Incorporer la sauce et laisse cuire environ 2 minutes sans cesser de remuer, jusqu'à ce que la sauce épaississe et soit onctueuse. Servir.

noix de Saint-Jacques au citron vert

4 personnes

16 grosses noix de Saint-Jacques

1 cuil. à soupe de beurre

1 cuil. à soupe d'huile

1 cuil. à café d'ail haché

1 cuil. à café de gingembre frais râpé

zeste râpé d'un citron vert

1 botte d'oignons verts,
   finement émincés

1 petit piment rouge, épépiné
   et émincé

3 cuil. à soupe de jus d'un citron vert

sel et poivre

ACCOMPAGNEMENT

rondelles de citron vert

riz

1 Nettoyer les noix de Saint-Jacques. Retirer le sac gastrique noir et la veine intestinale. Les laver et les sécher. Détacher le corail de la chair, la couper en deux dans l'épaisseur.

> ### CONSEIL
> Si vous ne trouvez pas
> de noix de Saint-Jacques fraîches,
> utilisez des noix surgelées,
> mais veillez à bien
> les faire dégeler avant utilisation.

2 Faire chauffer l'huile et le beurre dans un wok. Mettre l'ail et le gingembre, et faire revenir 1 minute sans les laisser roussir. Ajouter l'oignon vert et faire revenir encore 1 minute.

3 Ajouter les noix de Saint-Jacques et faire cuire 4 à 5 minutes à feu vif. En remuant, ajouter le zeste de citron, le piment et le jus de citron vert et laisser cuire 1 minute de plus.

4 Servir les noix chaudes, arrosées du jus de cuisson et accompagnées de rondelles de citron vert et de riz.

calmars croustillants poivre et sel

4 personnes

450 g de calmars, nettoyés
4 cuil. à soupe de maïzena
1 cuil. à café de sel
1 cuil. à café de poivre
  noir fraîchement moulu
1 cuil. à café de piment en flocons
huile d'arachide, pour la friture
sauce pour tremper,
  en accompagnement

CONSEIL

Pour réaliser la sauce
d'accompagnement, mélangez
1 cuillerée à soupe de sauce de
soja claire et autant de sauce de
soja épaisse, 2 cuillerées à soupe
d'huile de sésame, 2 piments
verts frais épépinés et finement
émincés, 2 oignons verts
finement émincés, 1 gousse d'ail
hachée et 1 cuillerée à soupe
de gingembre frais râpé.

1 Retirer les tentacules des calmars et les parer. Entailler les manteaux d'un côté et ouvrir pour obtenir des morceaux plats.

2 Marquer les morceaux de croisillons et couper chacun en quatre.

3 Mélanger la maïzena, le sel, le poivre et les flocons de piment.

4 Mettre le mélange précédent dans un sac plastique. Ajouter les morceaux de calmar et agiter le sac pour que les morceaux de calmar soient bien enrobés du mélange à la maïzena.

5 Faire chauffer 5 cm d'huile d'arachide dans un grand wok préchauffé.

6 Faire revenir plusieurs morceaux de calmar à la fois 2 minutes environ, jusqu'à ce qu'ils commencent à s'enrouler. Ne pas trop cuire car le calmar deviendrait dur.

7 Retirer les morceaux de calmar à l'aide d'une écumoire, les poser sur du papier absorbant et les égoutter soigneusement.

8 Disposer sur des assiettes et servir immédiatement avec une sauce.

poisson frit à la sauce de soja et au gingembre

4 à 6 personnes

6 champignons chinois séchés

3 cuil. à soupe de vinaigre de riz

2 cuil. à soupe de sucre roux

3 cuil. à soupe de sauce
de soja épaisse

2 cuil. à café de maïzena

1 morceau de gingembre frais
de 7,5 cm, haché

huile de tournesol, pour la friture

4 oignons verts, émincés en biais

1 bar entier d'environ 1 kg, vidé

2 cuil. à soupe de jus
de citron vert

sel et poivre

4 cuil. à soupe de farine

1 Faire tremper les champignons 10 minutes à l'eau chaude.
Bien les égoutter, en réservant 125 ml du jus. Les couper en tranches fines.

2 Mélanger le jus des champignons avec le vinaigre de riz, le sucre et la sauce de soja. Verser dans une casserole avec les champignons. Porter à ébullition. Réduire le feu. Laisser mijoter 3 minutes.

3 Ajouter le gingembre et l'oignon vert et laisser cuire 1 minute.
Délayer la maïzena dans le jus de citron vert, incorporer la pâte obtenue au contenu de la casserole et laisser cuire 1 à 2 minutes jusqu'à ce que la sauce épaississe et soit onctueuse. Réserver la sauce pendant la cuisson du poisson.

4 Saler et poivrer l'intérieur et l'extérieur du poisson, puis saupoudrer uniformément de farine.

5 Faire chauffer 2,5 cm d'huile à 200 °C (un dé de pain doit y dorer en 30 secondes) dans une grande poêle. Déposer délicatement le poisson dans l'huile et le faire frire 3 à 4 minutes d'un côté, jusqu'à ce qu'il soit doré. À l'aide de deux spatules métalliques, retourner le poisson et le faire frire 3 à 4 minutes de l'autre côté jusqu'à ce qu'il soit également doré.

6 Retirer le poisson de la poêle, en égouttant l'excédent d'huile, et le disposer sur un plat de service. Porter la sauce à ébullition, puis la verser sur le poisson. Servir immédiatement pendant que le poisson est chaud, garni de chou et de radis émincés.

huîtres sautées au tofu, au citron et à la coriandre

4 personnes

225 g de poireaux

350 g de tofu, égoutté

2 cuil. à soupe d'huile de tournesol

350 g d'huîtres sans leurs coquilles

2 cuil. à soupe de jus de citron frais

1 cuil. à café de maïzena

2 cuil. à soupe de sauce
de soja claire

100 ml de bouillon de poisson

2 cuil. à soupe de coriandre
fraîche ciselée

1 cuil. à café de zeste
de citron finement râpé

VARIANTE

Vous pouvez remplacer les
huîtres par des clams
ou des moules décortiqués.

1 Ébarber et couper les poireaux en julienne.

2 À l'aide d'un couteau tranchant, couper le tofu en cubes.

3 Faire chauffer l'huile de tournesol dans un grand wok préchauffé. Faire revenir les poireaux 2 minutes environ.

4 Ajouter le tofu et les huîtres et faire cuire 1 à 2 minutes.

5 Mélanger dans un bol le jus de citron, la maïzena, la sauce de soja claire et le bouillon de poisson.

6 Verser le mélange à la maïzena dans le wok et cuire en remuant de temps en temps, jusqu'à ce que le jus commence à épaissir.

7 Remplir des bols et parsemer de coriandre et de zeste de citron. Servir immédiatement.

chow mein aux fruits de mer

4 personnes

85 g de calmars, nettoyés

3 ou 4 noix de Saint-Jacques
   fraîches

85 g de crevettes crues, décortiquées

½ blanc d'œuf, légèrement battu

2 cuil. à café de maïzena, délayées
   dans 2 cuil. à café d'eau

275 g de nouilles aux œufs

5 à 6 cuil. à soupe d'huile

2 cuil. à soupe de sauce de soja claire

55 g de pois mange-tout

½ cuil. à café de sel

½ cuil. à café de sucre

1 cuil. à café de vin de riz

2 oignons verts, finement râpés

quelques gouttes d'huile de sésame

1 Ouvrir les calmars et, à l'aide d'un couteau tranchant, entailler l'intérieur en croisillons, puis couper des morceaux de la taille d'un timbre. Faire tremper les calmars dans une terrine d'eau chaude, jusqu'à ce que les morceaux s'enroulent sur eux-mêmes. Les rincer à l'eau froide et égoutter.

2 Couper chaque noix de Saint-Jacques en 3 ou 4 tranches. Couper les crevettes en deux dans la longueur

pour les plus grosses. Mélanger les Saint-Jacques et les crevettes avec le blanc d'œuf et la pâte de maïzena.

3 Faire cuire les nouilles à l'eau bouillante comme indiqué sur le paquet, puis les égoutter et les rincer à l'eau froide. Bien les égoutter puis les remuer en y ajoutant 1 cuillerée à soupe d'huile.

4 Dans un wok préchauffé, faire chauffer 3 cuillerées à soupe d'huile puis faire revenir les nouilles 2 à 3 minutes en y ajoutant 1 cuillerée à soupe de sauce de soja. Verser la préparation dans un grand plat.

5 Faire chauffer le reste d'huile dans le wok puis y faire revenir les pois mange-tout et les fruits de mer environ 2 minutes. Ajouter le sel, le sucre, le vin de riz, le reste de sauce de soja et la moitié des oignons verts. Bien remuer, en ajoutant un peu de bouillon de poisson ou d'eau si nécessaire. Verser la préparation sur les nouilles et arroser d'huile de sésame. Garnir avec le reste d'oignon vert et servir.

sauté de fruits de mer

4 personnes

100 g de pointes d'asperges vertes,
    parées
1 cuil. à soupe d'huile de tournesol
1 morceau de gingembre frais
    de 2,5 cm
1 poireau
100 g de mini-épis de maïs
2 carottes moyennes, en julienne
2 cuil. à soupe de sauce de soja claire
1 cuil. à soupe de sauce d'huître
450 g d'un assortiment
    de fruits de mer cuits
1 cuil. à café de miel d'acacia
nouilles aux œufs,
    en accompagnement

GARNITURE
4 grosses crevettes roses, cuites
1 botte de ciboulette fraîche, ciselée

1 Porter une casserole d'eau à ébullition et faire blanchir les asperges 1 à 2 minutes.

2 Égoutter et réserver au chaud.

3 Chauffer l'huile dans un wok et faire revenir 3 minutes le gingembre et le poireau coupés en lanières, les carottes et les épis de maïs coupés en quatre dans la longueur.

4 Ajouter la sauce de soja, la sauce d'huître, le miel et les fruits de mer dans le wok.

5 Faire cuire 2 à 3 minutes jusqu'à ce que les légumes soient tendres et les fruits de mer bien réchauffés. Ajouter les asperges blanchies et les faire cuire 2 minutes.

6 Pour servir, répartir les nouilles dans 4 assiettes chaudes et verser le sauté de fruits de mer et de légumes.

7 Garnir chaque assiette d'une grosse crevette et de ciboulette ciselée, servir immédiatement.

poêlée de crevettes aux épices

4 personnes

1 gousse d'ail, hachée

2 cuil. à café de gingembre frais râpé

2 cuil. à café de coriandre en poudre

2 cuil. à café de cumin en poudre

½ cuil. à café de cardamome en poudre

¼ de cuil. à café de poudre de piment

2 cuil. à soupe de concentré de tomates

3 cuil. à soupe de coriandre fraîche hachée

500 g de grosses crevettes cuites, décortiquées

2 cuil. à soupe d'huile

2 petits oignons, émincés

1 piment vert frais, haché

sel

1 Mettre l'ail, le gingembre râpé, la coriandre en poudre, le cumin, la cardamome, la poudre de piment, le concentré de tomates, 4 cuillerées à soupe d'eau et 2 cuillerées à soupe de coriandre fraîche hachée dans une terrine. Bien mélanger le tout.

2 Mettre les crevettes dans la terrine, recouvrir de film alimentaire et laisser mariner 2 heures.

3 Dans un wok préchauffé, faire chauffer l'huile puis faire dorer les oignons à feu moyen.

4 Ajouter les crevettes avec leur marinade ainsi que le piment, puis faire revenir 5 minutes à feu moyen. Saler à son goût, puis ajouter la cuillerée à soupe restante d'eau si la préparation est trop sèche. Faire revenir 5 minutes à feu moyen.

5 Servir immédiatement, garni avec le reste de coriandre fraîche hachée.

CONSEIL

Les crevettes perdront moins de leur saveur si vous les faites cuire à feu vif dans une casserole couverte hermétiquement, sans ajouter d'eau pour qu'elles cuisent dans leur jus.

Plats végétariens

Les légumes jouent un rôle essentiel dans la cuisine au wok en Extrême-Orient, et ils sont présents en abondance à tous les repas. Aussi pourrez-vous faire un bon repas en choisissant parmi les recettes de ce chapitre, sans manger de viande ni de poisson. Les mini-épis de maïs, les choux, les haricots et autres légumes verts chinois, les pousses d'épinards et le pak-choi apportent tous une touche unique de saveur et de fraîcheur à tous les plats au wok.

En Asie, on aime déguster les légumes croquants, c'est pourquoi la plupart des plats de ce chapitre ont un temps de cuisson assez court, de façon à ce que les goûts et les consistances des ingrédients ressortent bien. Achetez toujours des légumes fermes et croquants, et cuisinez-les le plus tôt possible après l'achat. Essayez aussi de laver les légumes juste avant de les couper et de les faire cuire immédiatement après les avoir coupés, afin de ne pas en perdre les vitamines.

légumes sautés au xérès et à la sauce de soja

4 personnes

2 cuil. à soupe d'huile de tournesol

1 oignon rouge, émincé

175 g de carottes, en fines rondelles

175 g de courgettes, coupées
en demi-rondelles

150 g de germes de soja

1 poivron rouge, épépiné et émincé

1 petite tête de chou chinois,
coupée en lanières

225 g de pousses de bambou
en boîte, égouttées

150 g de noix de cajou grillées

SAUCE

3 cuil. à soupe de xérès demi-sec

3 cuil. à soupe de sauce de soja claire

1 cuil. à café de gingembre en
poudre

1 gousse d'ail, hachée

1 cuil. à café de maïzena

1 cuil. à soupe de concentré
de tomates

VARIANTE

Ce plat très adaptable peut être
réalisé avec n'importe quel autre
mélange de légumes frais.

---

1 Faire chauffer l'huile de tournesol
dans un grand wok préchauffé.

2 Faire fondre l'oignon rouge 2 à
3 minutes.

3 Ajouter les carottes, les courgettes
et le poivron et faire revenir
encore 5 minutes.

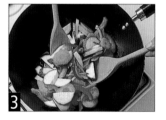

4 Ajouter le chou chinois,
les germes de soja et les pousses
de bambou, et cuire 2 à 3 minutes,
jusqu'à ce que les feuilles de chou
commencent juste à se flétrir.

5 Parsemer les légumes de noix
de cajou. Mélanger le xérès,
la sauce de soja, l'ail, le gingembre,
la maïzena et le concentré de tomates.
Verser le mélange sur les légumes
et remuer. Laisser cuire à feu doux
2 à 3 minutes, jusqu'à ce que
le jus commence à épaissir.
Servir immédiatement.

tofu à la sauce de soja, aux poivrons et aux oignons

4 personnes

350 g de tofu

2 gousses d'ail, hachées

4 cuil. à soupe de sauce de soja
épaisse

1 cuil. à soupe de sauce
au piment douce

6 cuil. à soupe d'huile de tournesol

1 oignon, émincé

1 poivron vert, épépiné

1 cuil. à soupe d'huile de sésame

1 Couper le tofu en cubes et les mettre dans un plat non métallique.

2 Mélanger l'ail, la sauce de soja et la sauce au piment douce et verser sur le tofu. Bien remuer et laisser mariner environ 20 minutes.

3 Pendant ce temps, faire chauffer l'huile de tournesol dans un grand wok préchauffé.

4 Faire revenir l'oignon à feu vif jusqu'à ce qu'il soit doré et croustillant. Retirer du wok à l'aide d'une écumoire et laisser égoutter sur du papier absorbant.

5 Ajouter le tofu dans l'huile chaude et faire revenir environ 5 minutes. Réserver.

6 Retirer l'huile du wok, sauf 1 cuillerée à soupe. Ajouter le poivron vert coupé en dés et le faire revenir 2 à 3 minutes, jusqu'à ce qu'il soit tendre.

7 Remettre le tofu et les oignons dans le wok et faire chauffer en remuant de temps en temps. Arroser d'un filet d'huile de sésame.

8 Disposer sur des assiettes et servir immédiatement.

haricots verts sautés à la laitue

4 personnes

1 cuil. à café d'huile pimentée

25 g de beurre

225 g de haricots verts, coupés en 2

4 échalotes, émincées

1 gousse d'ail, hachée

100 g de champignons shiitake, finement émincés

1 laitue pommée, coupée en lanières

4 cuil. à soupe de sauce aux haricots noire

CONSEIL

Si possible, choisissez des haricots verts chinois, tendres, qui se mangent entiers. On les trouve dans les épiceries chinoises.

1 À l'aide d'un couteau, couper les haricots verts, les échalotes et les champignons shiitake. Piler l'ail dans un mortier et couper la laitue en lanières.

2 Faire chauffer l'huile pimentée et le beurre dans un wok préchauffé.

3 Faire revenir les haricots verts, les échalotes, l'ail et les champignons 2 à 3 minutes.

4 Ajouter la laitue et faire cuire jusqu'à ce que les feuilles se flétrissent.

5 Verser en remuant la sauce aux haricots noire et faire chauffer en faisant sauter pour bien mélanger, jusqu'à ce que la sauce bouillonne. Servir.

légumes variés à la sauce aux cacahuètes

4 personnes

2 carottes, épluchées

1 petit chou-fleur, paré

2 petits cœurs de pak-choi vert

150 g de haricots verts, équeutés

2 cuil. à soupe d'huile

1 gousse d'ail, finement hachée

6 oignons verts, émincés

1 cuil. à café de pâte de piment

2 cuil. à soupe de sauce de soja

2 cuil. à soupe de vin de riz

4 cuil. à soupe de beurre
   de cacahuètes

3 cuil. à soupe de lait de coco

CONSEIL

Découpez les légumes
en morceaux de taille égale.
Préparez-les tous en même
temps avant de les faire cuire.
Il est ensuite très important
de tenir compte du temps
de cuisson de chacun d'eux.

1 Couper les carottes en biais en fines rondelles. Couper le chou-fleur en fleurettes et les pieds en tronçons fins. Ciseler le pak-choi. Couper les haricots en tronçons de 2 cm.

2 Faire chauffer l'huile dans un wok et y faire revenir l'ail et les oignons verts1 minute. Incorporer la pâte de piment et laisser cuire quelques secondes.

3 Ajouter les carottes et le chou-fleur et faire revenir 2 à 3 minutes.

4 Ajouter le pak-choi et les haricots, et faire cuire encore 2 minutes. Ajouter la sauce de soja et le vin de riz.

5 Mélanger le beurre de cacahuètes avec le lait de coco, incorporer le mélange dans le wok et laisser cuire 1 minute, en remuant. Servir.

balti dhaal

4 personnes

225 g de chana dhaal
   ou de pois cassés blonds, lavés
½ cuil. à café de curcuma en poudre
1 cuil. à café de coriandre
   en poudre
1 cuil. à café de sel
4 feuilles de cari
2 cuil. à soupe d'huile de tournesol
½ cuil. à café d'asa-fœtida en poudre
   ou de la poudre d'ail (facultatif)
1 cuil. à café de graines de cumin
2 oignons, hachés
2 gousses d'ail, hachées
1 morceau de gingembre frais
   de 1 cm, râpé
½ cuil. à café de garam masala

1 Mettre le chana dhaal ou les pois cassés blonds dans une grande casserole et ajouter assez d'eau pour que celle-ci dépasse de 2,5 cm. Porter à ébullition en écumant la surface à l'aide d'une cuillère.

2 Ajouter le curcuma, la coriandre en poudre, le sel et les feuilles de cari. Baisser le feu et laisser mijoter 1 heure. Le chana dhaal ou les pois cassés blonds doivent être tendres sans se réduire en bouillie. Bien égoutter.

3 Faire chauffer l'huile dans un wok et y faire revenir l'asa-fœtida 30 secondes.

4 Ajouter les graines de cumin et les faire revenir jusqu'à ce qu'elles commencent à sauter.

5 Ajouter les oignons et faire revenir 5 minutes pour les faire dorer.

6 Ajouter l'ail, le gingembre, le garam masala et le chana dhaal ou les pois cassés blonds. Faire revenir 2 minutes. Servir accompagné de curry ou laisser refroidir et conserver au réfrigérateur jusqu'à utilisation.

assortiment de haricots poêlé

4 personnes

400 g de haricots rouges en boîte

400 g de haricots blancs en boîte

6 oignons verts

200 g de rondelles d'ananas
en boîte

2 cuil. à soupe de jus d'ananas

3 ou 4 morceaux de gingembre confit

2 cuil. à soupe de sirop de gingembre

zeste finement râpé d'un demi-citron
ou citron vert, coupé en julienne

2 cuil. à soupe de jus de citron
ou de citron vert

2 cuil. à soupe de sauce de soja claire

1 cuil. à café de maïzena

1 cuil. à soupe d'huile de tournesol

115 g de haricots verts, coupés
en tronçons de 4 cm

225 g de pousses de bambou

sel et poivre

1 Égoutter les haricots, rincer à l'eau froide et égoutter de nouveau.

2 Émincer finement en biais les oignons verts et en réserver un tiers pour la garniture.

3 Couper l'ananas et le mélanger avec le jus d'ananas, le gingembre et son sirop, le zeste et le jus de citron, la sauce de soja et la maïzena.

4 Faire chauffer l'huile dans un wok, en la répartissant bien sur le fond. Une fois qu'elle est très chaude, faire revenir les oignons verts émincés 2 minutes et ajouter les haricots verts. Égoutter les pousses de bambou et les émincer finement, les mettre dans le wok et faire revenir 2 minutes.

5 Ajouter l'ananas et sa marinade, et faire frémir. Ajouter les haricots en boîte et faire chauffer la préparation environ 1 ou 2 minutes en remuant.

6 Saler et poivrer à son goût, parsemer la préparation avec l'oignon vert réservé et servir.

167

galettes aux légumes et au tofu sautés

4 personnes

1 cuil. à soupe d'huile

1 gousse d'ail, hachée

1 morceau de gingembre frais
    de 2,5 cm, râpé

1 botte d'oignons verts, coupés
    en lanières dans la longueur

100 g de pois mange-tout, éboutés
    et coupés en lanières

225 g de tofu, égoutté et coupé
    en dés de 1 cm

2 cuil. à café de sauce de soja
    épaisse, un peu plus en
    accompagnement

2 cuil. à soupe de sauce hoisin,
    un peu plus en accompagnement

60 g de pousses de bambou
    en boîte, égouttées

60 g de châtaignes d'eau en boîte,
    égouttées et émincées

100 g de germes de soja

1 petit piment rouge, épépiné
    et émincé

1 petit bouquet de ciboulette

12 galettes chinoises

sel et poivre

ACCOMPAGNEMENT

feuilles de chou chinois, coupées
    en lanières

1 concombre, coupé en rondelles

1 piment rouge, coupé en lanières

1 Faire chauffer l'huile dans un wok et y faire revenir l'ail et le gingembre 1 minute.

2 Ajouter les oignons verts, les mange-tout, le tofu, les sauces de soja et hoisin. Faire revenir 2 minutes.

3 Ajouter les pousses de bambou, les châtaignes d'eau, les germes de soja et le piment rouge.

4 Faire cuire 2 minutes pour que les légumes soient tendres mais encore croquants. Ajouter la ciboulette en tronçons de 2,5 cm.

5 Réchauffer les galettes selon le mode d'emploi et réserver au chaud.

6 Répartir les légumes et le tofu sur les galettes, et rabattre légèrement les bords vers le haut. Servir les galettes accompagnées de chou chinois, de concombre, de piment, de sauce hoisin et de sauce de soja.

ragoût de tofu

4 personnes

450 g de tofu, égoutté

2 cuil. à soupe d'huile d'arachide

8 oignons verts, coupés en julienne

2 branches de céleri, émincées

125 g de brocoli, en fleurettes

125 g de courgettes, coupées
en rondelles

2 gousses d'ail, finement émincées

450 g de jeunes pousses d'épinards

riz, en accompagnement

SAUCE

425 ml de bouillon de légumes

3 cuil. à soupe de sauce hoisin

2 cuil. à soupe de sauce de soja claire

½ cuil. à café de poudre de piment

1 cuil. à soupe d'huile de sésame

1 À l'aide d'un couteau tranchant, couper le tofu en cubes de 2,5 cm et réserver.

2 Faire chauffer l'huile d'arachide dans un wok ou une grande sauteuse préchauffés.

3 Ajouter les oignons verts, le céleri, le brocoli, les courgettes, l'ail, les épinards et le tofu et faire revenir 3 à 4 minutes.

4 Pour faire la sauce, mélanger dans une cocotte le bouillon de légumes, la sauce de soja, la sauce hoisin, la poudre de piment et l'huile de sésame, et porter à ébullition.

5 Ajouter les légumes et le tofu sautés, réduire le feu, couvrir et laisser frémir 10 minutes.

6 Disposer dans un plat chaud et servir accompagné de riz.

tofu aigre-doux aux légumes

4 personnes

2 branches de céleri

1 carotte

1 poivron vert, épépiné

75 g de pois mange-tout

2 cuil. à soupe d'huile

2 gousses d'ail, hachées

8 mini-épis de maïs

125 g de germes de soja

450 g de tofu, coupé en dés

riz ou nouilles, en accompagnement

SAUCE

2 cuil. à soupe de sucre roux

2 cuil. à soupe de vinaigre de vin

225 ml de bouillon de légumes

1 cuil. à café de concentré
de tomates

1 cuil. à soupe de maïzena

CONSEIL

Veillez à ne pas émietter le tofu
en remuant la préparation.

1 Couper le céleri en fines rondelles, puis la carotte en fines lanières, le poivron en dés et les pois mange-tout en deux en biais.

2 Faire chauffer l'huile dans un wok préchauffé jusqu'à ce qu'elle soit très chaude. Réduire légèrement le feu, ajouter les légumes coupés et les épis de maïs et faire revenir 3 à 4 minutes.

3 Incorporer les germes de soja et le tofu et cuire 2 minutes en remuant bien.

4 Pour faire la sauce, mélanger sucre roux, vinaigre, bouillon, concentré de tomates et maïzena en remuant bien. Verser le mélange dans le wok, porter à ébullition et cuire, sans cesser de remuer, jusqu'à ce que la sauce épaississe. Cuire 1 minute. Servir accompagné de riz.

poêlée de tofu et de légumes

4 personnes

175 g de pommes de terre,
coupées en dés

1 cuil. à soupe d'huile

1 oignon rouge, émincé

225 g de tofu égoutté, coupé
en dés

2 courgettes, coupées en dés

8 cœurs d'artichauts
en boîte, coupés en deux

150 ml de purée de tomates

1 cuil. à café de sucre en poudre

1 cuil. à soupe de sauce de soja
claire

2 cuil. à soupe de basilic haché

sel et poivre

1 Faire cuire 10 minutes
les pommes de terre dans
une casserole d'eau bouillante salée.
Bien égoutter et réserver.

2 Chauffer l'huile dans une grande
poêle et faire revenir l'oignon
2 minutes, jusqu'à ce qu'il soit tendre.

3 Ajouter le tofu et les courgettes, et
faire cuire 3 à 4 minutes, jusqu'à
ce que le mélange commence à brunir.

4 Ajouter les pommes de terre
et bien mélanger.

5 Ajouter les cœurs d'artichauts,
la purée de tomates, la sauce de
soja, le sucre et le basilic.

6 Saler et poivrer, puis faire cuire
encore 5 minutes en remuant
bien. Verser la poêlée dans des
assiettes de service et servir
immédiatement.

CONSEIL

Les cœurs d'artichauts
en boîte doivent être
parfaitement égouttés et rincés
car ils sont souvent très salés.

tofu croustillant à la sauce de soja

4 personnes

300 g de tofu ferme, égoutté

2 cuil. à soupe d'huile

1 gousse d'ail, émincée

½ poivron vert, épépiné
   et coupé en julienne

1 piment-oiseau rouge, épépiné
   et haché

1 carotte, coupée en julienne

2 cuil. à soupe de sauce de soja
   claire

1 cuil. à soupe de jus de citron vert

1 cuil. à soupe de sucre roux

ail au vinaigre, émincé,
   en accompagnement

3 Retirer le tofu, égoutter et réserver au chaud. Mettre la carotte et les poivrons dans le wok et faire revenir 1 minute. Disposer le tofu au centre d'un plat de service et mettre la carotte et les poivrons autour.

4 Bien mélanger le piment, la sauce de soja, le jus de citron vert, le nuoc mam et le sucre dans un bol, jusqu'à ce que le sucre soit dissous.

5 Verser la sauce sur le tofu, garnir avec l'ail au vinaigre et servir immédiatement.

1 Égoutter le tofu et le sécher avec du papier absorbant. Le couper en cubes de 2 cm.

2 Faire chauffer l'huile dans un wok et y faire revenir l'ail 1 minute. Retirer l'ail du wok et mettre le tofu. Faire frire, sans cesser de remuer, jusqu'à ce que toutes les faces soient bien dorées.

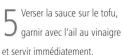

sauté de champignons au gingembre

4 personnes

2 cuil. à soupe d'huile

3 gousses d'ail, hachées

1 cuil. à soupe de pâte
de curry rouge thaïlandaise

½ cuil. à café de curcuma

410 g de champignons de couche
chinois, égouttés et coupés
en deux

100 ml de lait de coco

1 morceau de gingembre frais
de 2 cm, finement émincé

40 g de champignons noirs séchés,
mis à tremper, égouttés
et émincés

1 cuil. à soupe de jus de citron

2 cuil. à café de sucre

1 cuil. à soupe de sauce de soja claire

½ cuil. à café de sel

8 tomates cerises, coupées en deux

riz parfumé, en accompagnement

GARNITURE

feuilles de coriandre

1 Faire chauffer l'huile et faire
revenir l'ail 1 minute environ,
en remuant. Incorporer la pâte de curry
et le curcuma et laisser cuire encore
30 secondes.

2 Ajouter les champignons chinois
et le gingembre et faire revenir
environ 2 minutes. Ajouter le lait
de coco et porter à ébullition.

3 En remuant, ajouter la sauce
de soja, les champignons noirs,
le jus de citron, le sucre et le sel et faire
chauffer. Incorporer les tomates
en remuant et faire bien chauffer.

4 Parsemer de coriandre et servir
très chaud, accompagné de riz
parfumé.

175

beignets de légumes épicés

4 personnes

150 g de farine

1 cuil. à café coriandre en poudre

1 cuil. à café de cumin en poudre

1 cuil. à café de curcuma

1 cuil. à café de sel

½ cuil. à café de poivre noir moulu

2 gousses d'ail, finement hachées

1 morceau de gingembre frais
de 3 cm, coupé en morceaux

2 petits piments verts, hachés

1 cuil. à soupe de coriandre
fraîche hachée

225 ml d'eau environ

1 oignon, haché

1 pomme de terre, grossièrement
râpée

85 g de grains de maïs

1 petite aubergine, coupée en dés

120 g de brocoli chinois, coupé
en tronçons courts

huile de coco, pour la friture

SAUCE AU PIMENT DOUCE

2 piments-oiseaux rouges,
finement hachés

4 cuil. à soupe de sucre

4 cuil. à soupe de vinaigre de riz

1 cuil. à soupe de sauce de soja claire

1 Préparer la sauce en mélangeant soigneusement tous les ingrédients, jusqu'à ce que le sucre soit dissous. Couvrir et réserver.

2 Pour préparer les beignets, mettre la farine dans une terrine et y ajouter la coriandre, le cumin, le curcuma, le sel et le poivre, et mélanger. Incorporer le gingembre, l'ail, les piments et la coriandre fraîche avec juste assez d'eau pour obtenir une pâte épaisse.

3 Ajouter l'oignon, le maïs, la pomme de terre, l'aubergine et le brocoli dans la pâte et mélanger le tout afin que les légumes soient également répartis.

4 Faire chauffer l'huile à 200 °C dans un wok (un dé de pain doit y dorer en 30 secondes). Y placer quelques cuillerées à soupe de pâte et les faire frire jusqu'à ce qu'elles soient croustillantes et bien dorées,

en les retournant une fois. Faire cuire en plusieurs fois si nécessaire, en réservant les beignets au chaud dans le four.

5 Égoutter soigneusement sur du papier absorbant. Servir accompagné de la sauce.

CONSEIL

Le brocoli chinois est aussi connu sous le nom de chou frisé chinois ou gaai laan. Les feuilles sont vertes, grisâtres à la floraison.

courgettes sautées

4 personnes

450 g de courgettes
1 blanc d'œuf
50 g de maïzena
1 cuil. à café de sel
1 cuil. à café de poudre
   de cinq-épices chinois
huile, pour la friture

VARIANTE

Vous pouvez remplacer la poudre
de cinq-épices chinois par
du piment en poudre
ou du curry.

---

1 Couper les courgettes en rondelles ou en gros bâtonnets.

2 Mettre le blanc d'œuf dans une petite jatte et le battre légèrement à l'aide d'une fourchette jusqu'à ce qu'il soit bien mousseux.

3 Mélanger la maïzena, le sel et le cinq-épices chinois, et saupoudrer sur une grande assiette.

4 Faire chauffer l'huile dans un grand wok préchauffé.

5 Passer chaque morceau de courgette dans le blanc d'œuf battu, puis dans le mélange de maïzena.

6 Faire frire 5 minutes plusieurs morceaux de courgette à la fois, jusqu'à ce qu'ils soient légèrement dorés et croustillants. Répéter l'opération avec le reste des courgettes.

7 Retirer les courgettes du wok à l'aide d'une écumoire et les égoutter sur du papier absorbant pendant que les autres cuisent.

8 Disposer les courgettes sur des assiettes et servir immédiatement.

boulettes de maïs frites au piment

6 oignons verts, émincés

3 cuil. à soupe de coriandre fraîche
ciselée

225 g de maïs doux en boîte

1 cuil. à café de piment doux
en poudre

1 cuil. à soupe de sauce
au piment douce

25 g de noix de coco séchée et râpée

1 œuf

75 g de polenta

huile, pour la friture

1 Mélanger dans une terrine
les oignons, la coriandre, le maïs
doux, le piment en poudre, la sauce
au piment, la noix de coco, l'œuf
et la polenta.

2 Couvrir et laisser reposer
10 minutes.

3 Faire chauffer l'huile de friture
dans un grand wok préchauffé.

4 Laisser tomber avec précaution
des cuillerées de la préparation
dans l'huile chaude et frire les
boulettes 4 à 5 minutes, jusqu'à ce
qu'elles soient croustillantes et dorées.

5 Retirer les boulettes du wok
à l'aide d'une écumoire, les
disposer sur du papier absorbant
et les égoutter.

6 Disposer sur des assiettes
de service et servir avec un peu
de sauce au piment douce.

rouleaux d'asperges et de poivron

4 personnes

100 g d'asperges vertes

1 poivron rouge, épépiné et émincé

50 g de germes de soja

2 cuil. à soupe de sauce aux prunes

8 feuilles de pâte filo

1 jaune d'œuf

huile, pour la friture

sauce au piment douce,
      en accompagnement

1 Mettre les asperges, le poivron et les germes de soja dans une terrine.

2 Ajouter la sauce aux prunes et bien mélanger.

3 Battre le jaune d'œuf et le réserver.

4 Étaler les feuilles de pâte filo sur un plan de travail.

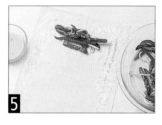

5 Déposer un peu du mélange aux asperges et au poivron à l'extrémité de chaque feuille de pâte et badigeonner les bords de jaune d'œuf.

6 Rouler la pâte en repliant les extrémités pour envelopper la farce, comme pour un nem.

7 Faire chauffer l'huile de friture dans un grand wok préchauffé. Cuire soigneusement 2 rouleaux à la fois 4 à 5 minutes, jusqu'à ce qu'ils soient croustillants.

8 Retirer les rouleaux du wok à l'aide d'une écumoire et les égoutter sur du papier absorbant.

9 Disposer les rouleaux sur des assiettes chaudes et servir immédiatement.

CONSEIL

Veillez à bien utiliser des asperges à pointes fines car elles sont plus tendres.

sauté d'épinards aux shiitake et au miel

4 personnes

3 cuil. à soupe d'huile d'arachide

350 g de champignons shiitake,
    émincés

2 gousses d'ail, hachées

350 g de jeunes pousses d'épinards

2 cuil. à soupe de vin de riz ou
    de xérès sec

2 cuil. à soupe de miel d'acacia

4 oignons verts

1 À l'aide d'un couteau tranchant, émincer les oignons verts.

2 Faire chauffer l'huile d'arachide dans un grand wok préchauffé.

3 Faire revenir les champignons shiitake environ 5 minutes, jusqu'à ce qu'ils soient tendres.

4 Mettre l'ail haché dans un wok ou une sauteuse.

5 Ajouter les épinards et faire cuire 2 à 3 minutes, jusqu'à ce que les feuilles soient juste flétries.

6 Mélanger dans un bol le xérès et le miel, et bien remuer. Verser le mélange obtenu sur les épinards et faire chauffer.

7 Disposer le sauté sur des assiettes chaudes et parsemer d'oignons verts. Servir immédiatement.

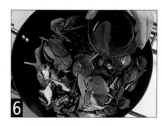

sauté de carottes et d'orange

4 personnes

2 cuil. à soupe d'huile de tournesol

450 g de carottes, râpées

225 g de poireaux, émincés

2 oranges, épluchées et coupées
en quartiers

2 cuil. à soupe de ketchup

1 cuil. à soupe de sucre roux

2 cuil. à soupe de sauce
de soja claire

100 g de cacahuètes, concassées

VARIANTE

Vous pouvez remplacer l'orange
par de l'ananas. Pour l'ananas
en boîte, veillez à ce qu'il
soit au naturel, sinon cela nuirait
à la fraîcheur du plat.

1 Faire chauffer l'huile de tournesol
dans un grand wok préchauffé.

2 Faire revenir les carottes râpées
et les poireaux 2 à 3 minutes,
jusqu'à ce qu'ils soient juste tendres.

3 Ajouter les quartiers d'orange
et chauffer à feu doux en veillant
à ne pas les casser en mélangeant.

4 Mélanger le ketchup, le sucre roux
et la sauce de soja dans un bol.

5 Ajouter le mélange au ketchup
et au sucre dans le wok
et faire cuire encore 2 minutes.

6 Verser le sauté dans des bols
chauds et parsemer de
cacahuètes. Servir immédiatement.

légumes chinois à la sauce aux haricots jaune

4 personnes

1 aubergine

sel

2 cuil. à soupe d'huile

3 gousses d'ail, hachées

4 oignons verts, émincés

1 petit poivron rouge, épépiné
    et finement émincé

4 mini-épis de maïs, coupés
    en deux dans la longueur

120 g de pois mange-tout

240 g de feuilles de moutarde
    chinoises, grossièrement hachées

410 g de champignons
    de couche chinois, égouttés

120 g de germes de soja

2 cuil. à soupe de vin de riz

2 cuil. à soupe de sauce
    aux haricots jaune

2 cuil. à soupe de sauce
    de soja épaisse

1 cuil. à café de sauce au piment

1 cuil. à café de sucre

125 ml de bouillon de légumes

1 cuil. à café de maïzena

2 cuil. à café d'eau

1 Éplucher l'aubergine et la couper en bâtonnets de 5 cm de long. Mettre dans une passoire, saler et laisser dégorger 30 minutes. Rincer à l'eau froide et sécher sur du papier absorbant.

2 Faire chauffer l'huile dans un wok et y faire revenir l'ail, l'oignon vert et le poivron 1 minute à feu vif. En remuant, ajouter les morceaux d'aubergine et faire revenir encore 1 minute, jusqu'à ce qu'ils soient tendres.

3 Ajouter le maïs et les pois mange-tout et faire cuire 1 minute. Ajouter les feuilles de moutarde, les champignons et les germes de soja et faire sauter 30 secondes.

4 Mélanger le vin de riz avec la sauce de haricots jaune, la sauce de soja, la sauce au piment et le sucre et ajouter au wok avec le bouillon. Porter à ébullition en remuant.

5 Délayer la maïzena dans l'eau jusqu'à obtenir une pâte homogène. Incorporer cette pâte au contenu du wok et laisser cuire encore 1 minute. Servir immédiatement.

sauté de brocolis à la sauce hoisin

4 personnes

400 g de brocolis

1 cuil. à soupe d'huile d'arachide

2 échalotes, finement émincées

1 gousse d'ail, finement hachée

1 cuil. à soupe de vin de riz
   ou de xérès

¼ de cuil. à café de poivre
   noir moulu

1 cuil. à café d'huile pimentée

5 cuil. à soupe de sauce hoisin

1 Parer les brocolis et les couper en fleurettes. Les faire blanchir 30 secondes à l'eau bouillante, puis les égoutter soigneusement.

2 Faire chauffer l'huile dans un wok et y faire revenir les échalotes et l'ail 1 à 2 minutes, jusqu'à ce qu'ils soient bien dorés.

3 Ajouter les brocolis et faire revenir 2 minutes. Ajouter le vin de riz et la sauce hoisin et faire cuire encore 1 minute en remuant.

4 Ajouter le poivre et arroser d'un peu d'huile pimentée juste avant de servir.

CONSEIL

Pour de l'huile pimentée, placez des piments rouges et verts dans un récipient en verre et remplissez-le d'huile d'olive ou d'huile végétale légère. Couvrez et laissez mariner 3 semaines minimum avant utilisation.

champignons épicés à la mode thaïe

4 personnes

8 gros champignons plats

3 cuil. à soupe d'huile de tournesol

2 cuil. à soupe de sauce
    de soja claire

1 gousse d'ail, hachée

3 oignons verts, émincés

1 morceau de galanga ou de
    gingembre frais de 2 cm, râpé

1 cuil. à soupe de pâte
    de curry verte thaïlandaise

8 mini-épis de maïs, coupés
    en rondelles

120 g de germes de soja

90 g de tofu ferme, coupé en dés

2 cuil. à café de graines
    de sésame grillées

1 Couper le pied des champignons. Mettre les chapeaux sur une feuille de papier sulfurisé. Mélanger 2 cuillerées à soupe d'huile avec 1 cuillerée à soupe de sauce de soja claire et badigeonner les chapeaux de ce mélange.

2 Faire griller les champignons sous un gril préchauffé, jusqu'à ce qu'ils soient dorés et tendres, en les retournant une fois.

3 Couper les pieds en petits morceaux. Faire chauffer le reste d'huile et faire revenir les pieds 1 minute avec l'ail et le galanga ou le gingembre.

4 Incorporer la pâte de curry, les épis de maïs et les oignons verts, et faire cuire 1 minute. Ajouter les germes de soja et faire cuire le mélange encore 1 minute.

5 Incorporer le tofu et le reste de sauce de soja et faire chauffer en remuant. Verser cette farce dans les chapeaux.

6 Parsemer de graines de sésame. Servir immédiatement.

salade d'aubergines grillées au sésame

4 personnes

8 mini-aubergines

sel

1 cuil. à soupe de sauce de soja
claire

1 gousse d'ail, finement émincée

2 cuil. à café d'huile pimentée

1 piment-oiseau rouge, épépiné
et émincé

1 cuil. à soupe d'huile de tournesol

1 cuil. à café d'huile de sésame

1 cuil. à soupe de jus de citron vert

1 cuil. à café de sucre roux

1 cuil. à soupe de menthe fraîche
hachée

1 cuil. à soupe de graines
de sésame grillées

feuilles de menthe fraîche,
en garniture

1 Couper les aubergines dans la longueur en tranches fines, en arrêtant la coupe à 2,5 cm de l'extrémité. Mettre les aubergines dans une passoire, saler et laisser dégorger environ 30 minutes. Rincer à l'eau froide et sécher avec du papier absorbant.

2 Mélanger l'huile pimentée avec la sauce de soja, et badigeonner les aubergines de ce mélange. Faire cuire 6 à 8 minutes sous un gril ou au barbecue, en les retournant de temps en temps et en les arrosant d'assaisonnement, jusqu'à ce qu'elles soient tendres et bien dorées. Disposer sur un plat de service.

3 Faire chauffer l'huile de tournesol dans un wok et y faire blondir l'ail et le piment 1 à 2 minutes. Retirer le wok ou la poêle du feu et ajouter huile de sésame, jus de citron vert, sucre roux et le reste d'assaisonnement.

4 Ajouter la menthe hachée au mélange et verser la sauce tiède sur les aubergines.

5 Laisser mariner 20 minutes, parsemer de graines de sésame grillées. Garnir de menthe et servir.

champignons chinois au tofu sauté

4 personnes

25 g de champignons chinois séchés

450 g de tofu

25 g de maïzena

huile, pour la friture

2 gousses d'ail, finement hachées

100 g de petits pois surgelés ou frais

1 morceau de gingembre frais
de 2,5 cm, râpé

1 Mettre les champignons chinois dans une terrine. Couvrir d'eau bouillante et laisser tremper 10 minutes.

2 Pendant ce temps, couper le tofu en cubes.

3 Mettre la maïzena dans une grande terrine.

4 Passer les morceaux de tofu dans la maïzena pour les en enrober.

5 Faire chauffer l'huile de friture dans un grand wok préchauffé.

6 Frire plusieurs cubes de tofu à la fois 2 à 3 minutes, jusqu'à ce qu'ils soient dorés et croustillants. Les retirer du wok à l'aide d'une écumoire et les égoutter sur du papier absorbant.

7 Retirer l'huile du wok en laissant 2 cuillerées à soupe. Ajouter l'ail, le gingembre et les champignons chinois, et faire revenir 2 à 3 minutes.

8 Remettre le tofu cuit dans le wok et ajouter les petits pois. Chauffer environ 1 minute. Servir chaud.

brocoli et chou chinois à la sauce aux haricots noire

4 personnes

450 g de brocoli, en fleurettes

2 cuil. à soupe d'huile de tournesol

1 oignon, émincé

2 gousses d'ail, finement émincées

25 g d'amandes effilées

4 cuil. à soupe de sauce aux haricots noire

1 tête de chou chinois, coupée en lanières

1 Porter à ébullition une grande casserole d'eau. Ajouter le brocoli et cuire 1 minute. Égoutter soigneusement.

2 Pendant ce temps, faire chauffer l'huile de tournesol dans un grand wok préchauffé.

3 Faire revenir l'oignon et l'ail jusqu'à ce qu'ils commencent juste à dorer.

4 Ajouter le brocoli égoutté et les amandes et faire cuire encore 2 à 3 minutes.

5 Ajouter le chou chinois et faire cuire encore 2 minutes.

6 Verser en remuant la sauce aux haricots noire, bien mélanger et cuire jusqu'à ce que le jus commence juste à bouillonner.

7 Verser les légumes dans des bols chauds et servir immédiatement.

VARIANTE
Vous pouvez aussi remplacer les amandes par des noix de cajou non salées.

courge musquée sautée aux noix de cajou

4 personnes

1 kg de courge musquée, épluchée

3 cuil. à soupe d'huile d'arachide

1 oignon, émincé

2 gousses d'ail, hachées

1 cuil. à café de graines
de coriandre

1 cuil. à café de graines de cumin

2 cuil. à soupe de coriandre ciselée

150 ml de lait de coco

100 ml d'eau

100 g de noix de cajou salées

GARNITURE

zeste de citron vert,
fraîchement râpé

coriandre fraîche

quartiers de citron vert

1 Couper la courge musquée
en petites bouchées.

2 Faire chauffer l'huile d'arachide
dans un grand wok préchauffé.

3 Faire revenir la courge, l'oignon
et l'ail 5 minutes.

4 Ajouter en remuant les graines
de coriandre et de cumin, et la
coriandre fraîche, et faire cuire 1 minute.

CONSEIL

À défaut de lait de coco, râpez
de la noix de coco séchée
dans le plat en ajoutant l'eau
à l'étape 5.

5 Ajouter le lait de coco et l'eau
et porter à ébullition.
Couvrir le wok et laisser cuire à feu
doux 10 à 15 minutes, jusqu'à
ce que la courge soit tendre.

6 Ajouter les noix de cajou
et bien mélanger.

7 Disposer sur des assiettes chaudes
et garnir de zeste de citron vert
fraîchement râpé, de coriandre fraîche
et de quartiers de citron vert.
Servir chaud.

poireaux aux mini-épis de maïs

4 personnes

3 cuil. à soupe d'huile d'arachide

450 g de poireaux

225 g de chou chinois, coupé
en lanières

175 g de mini-épis de maïs

6 oignons verts

4 cuil. de sauce aux haricots jaune

CONSEIL

La sauce aux haricots jaune
est faite de pousses de soja
salées et hachées, mélangées
à de la farine et à des épices.

1 Couper les poireaux en rondelles, les mini-épis de maïs en deux et émincer les oignons verts.

2 Faire chauffer l'huile dans un grand wok préchauffé.

3 Ajouter les poireaux, les épis de maïs et le chou chinois coupé en lanières dans le wok.

4 Faire cuire les poireaux, le chou chinois et les épis de maïs à feu vif environ 5 minutes jusqu'à ce que les bords des légumes aient légèrement bruni.

5 Ajouter les oignons et bien mélanger.

6 Ajouter la sauce aux haricots jaune et faire cuire encore 2 minutes, jusqu'à ce qu'elle soit chaude.

7 Verser sur des assiettes chaudes et servir immédiatement.

gonn au gingembre et aux légumes

4 personnes

1 cuil. à soupe de gingembre râpé

1 cuil. à café de gingembre en
poudre

1 cuil. à soupe de concentré de
tomates

2 cuil. à soupe d'huile de tournesol

1 gousse d'ail, hachée

2 cuil. à soupe de sauce de soja

350 g de cubes de tofu sec (gonn)

225 g de carottes, en rondelles

100 g de haricots verts, coupés

4 branches de céleri, émincées

1 poivron rouge, émincé

riz nature, en accompagnement

1 Mettre dans une terrine
le gingembre frais râpé,
le gingembre en poudre, le concentré
de tomates, 1 cuillerée à soupe d'huile
de tournesol, l'ail, la sauce de soja
et le tofu. Bien mélanger le tout
avec précaution pour ne pas émietter
le tofu. Couvrir et laisser mariner
20 minutes.

2 Faire chauffer le reste d'huile
de tournesol dans un wok
préchauffé.

3 Faire revenir le mélange au tofu
mariné environ 2 minutes.

4 Ajouter les carottes, les haricots
verts, le céleri et le poivron rouge
et faire cuire 5 minutes.

5 Verser le sauté sur des assiettes
chaudes et servir immédiatement,
accompagné de riz fraîchement cuit
à la vapeur.

CONSEIL

Le gingembre frais se conserve
plusieurs semaines dans un
endroit frais et sec. Vous pouvez
le congeler et en détacher des
morceaux à volonté.

trio de poivrons sautés aux châtaignes et à l'ail

4 personnes

225 g de poireaux
huile, pour la friture
3 cuil. à soupe d'huile d'arachide
1 poivron jaune, épépiné
   et coupé en dés
1 poivron vert, épépiné
   et coupé en dés
1 poivron rouge, épépiné
   et coupé en dés
2 gousses d'ail, hachées
200 g de châtaignes d'eau
   en boîte, égouttées
   et émincées
3 cuil. à soupe de sauce de soja claire

1 Couper à l'aide d'un couteau tranchant les poireaux en lanières fines pour la garniture.

2 Faire chauffer l'huile de friture dans un wok ou une poêle à fond épais préchauffés.

3 Cuire les poireaux 2 à 3 minutes, jusqu'à ce qu'ils soient croustillants. Les réserver jusqu'à utilisation.

4 Retirer l'huile du wok et faire chauffer l'huile d'arachide dans le wok ou la poêle.

CONSEIL

Pour un goût plus fort et plus épicé, ajoutez 1 cuillerée à soupe de sauce hoisin à l'étape 6.

5 Faire revenir les poivrons à feu vif 5 minutes environ, jusqu'à ce qu'ils commencent juste à brunir sur les bords et à être tendres.

6 Ajouter les châtaignes d'eau, l'ail et la sauce de soja et faire cuire tous les légumes 2 à 3 minutes.

7 Répartir le sauté de poivrons dans des assiettes chaudes. Garnir le sauté avec les poireaux croustillants et servir.

sauté d'aubergines épicé

4 personnes

3 cuil. à soupe d'huile d'arachide

2 oignons, émincés

2 gousses d'ail, hachées

2 aubergines, coupées en dés

2 piments rouges, épépinés
et finement émincés

2 cuil. à soupe de sucre roux

6 oignons verts, émincés

3 cuil. à soupe de chutney
à la mangue

huile, pour la friture

2 gousses d'ail, émincées,
en garniture

1 Faire chauffer l'huile d'arachide dans un grand wok préchauffé.

2 Ajouter les oignons et l'ail haché et bien mélanger.

3 Ajouter l'aubergine et les piments et faire revenir 5 minutes.

4 Ajouter le sucre, les oignons et le chutney à la mangue en remuant bien.

5 Réduire le feu, couvrir et laisser cuire à feu doux 15 minutes en remuant de temps en temps, jusqu'à ce que l'aubergine soit tendre.

6 Verser le sauté dans des bols et réserver au chaud.

7 Faire chauffer l'huile de friture dans le wok et faire revenir rapidement les tranches d'ail. Garnir le sauté avec l'ail frit et servir immédiatement.

CONSEIL

La « force » des piments peut varier, aussi il faut toujours les utiliser avec parcimonie. On peut dire que les plus petits sont plus forts, et les graines, la partie la plus épicée, sont souvent jetées.

sauté de légumes

4 personnes

3 cuil. à soupe d'huile

8 oignons grelots, coupés en deux

1 aubergine, coupée en dés

225 g de courgettes, émincées

225 g de gros champignons
   de Paris, coupés en deux

2 gousses d'ail, hachées

400 g de tomates concassées
   en boîte

1 cuil. à soupe de vin de riz
   ou de xérès sec

1 cuil. à café d'huile de sésame

2 cuil. à soupe de sauce de soja

2 cuil. à soupe de purée de tomates
   séchées au soleil

poivre noir fraîchement moulu

feuilles de basilic fraîches,
   en garniture

CONSEIL

Le basilic a un goût très
prononcé qui s'accorde très bien
avec les légumes et les parfums
chinois. Plutôt que d'utiliser
le basilic en tant que simple
garniture dans ce plat, ajoutez
une poignée de feuilles fraîches
de basilic dans le wok
à l'étape 4.

1 Faire chauffer l'huile d'olive
dans un grand wok préchauffé.

2 Faire revenir les oignons grelots
et l'aubergine 5 minutes, jusqu'à
ce que les légumes soient dorés
et commencent juste à être tendres.

3 Ajouter les courgettes, les
champignons, l'ail, les tomates
et la purée de tomates et faire cuire
environ 5 minutes. Réduire le feu et
laisser cuire à feu doux 10 minutes,
jusqu'à ce que les légumes soient
tendres.

4 Ajouter la sauce de soja, l'huile
de sésame et le vin de riz dans le
wok et porter à ébullition
1 minute.

5 Assaisonner de poivre noir
fraîchement moulu et garnir
de feuilles de basilic. Servir
immédiatement.

pommes sautées à la thaïlandaise

4 personnes

900 g pommes de terre à chair
    ferme

2 cuil. à soupe d'huile

1 poivron jaune, épépiné et coupé
    en dés

1 poivron rouge, épépiné et coupé
    en dés

1 carotte, coupée en julienne

1 courgette, coupée en julienne

2 gousses d'ail, hachées

1 piment rouge frais, émincé

1 botte d'oignons verts

125 ml de lait de coco

1 cuil. à café de lemon-grass haché

2 cuil. à café de jus de citron vert

zeste de citron vert râpé

1 cuil. à soupe de coriandre fraîche

CONSEIL

Ne laissez pas les pommes
de terre cuire trop longtemps
à l'étape 2 sinon
elles se déferont une fois mises
dans le wok.

---

1 Couper les pommes de terre
en dés à l'aide d'un couteau
tranchant.

2 Cuire les pommes de terre
5 minutes dans une casserole
d'eau bouillante. Bien égoutter.

3 Faire chauffer l'huile dans
un wok ou une grande poêle.

4 Ajouter les pommes de terre, les
poivrons, la carotte, la courgette,
l'ail et le piment. Faire revenir les
légumes 2 à 3 minutes.

5 Ajouter les oignons verts coupés
en deux, le lait de coco,
le lemon-grass et le jus de citron vert.
Faire cuire le mélange 5 minutes.

6 Ajouter le zeste de citron vert
et la coriandre et faire chauffer
1 minute. Servir chaud.

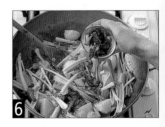

légumes sautés aux cacahuètes et aux œufs

4 personnes

2 œufs

225 g de carottes

350 g de chou blanc

2 cuil. à soupe d'huile

1 poivron rouge, épépiné
   et finement émincé

150 g de germes de soja

1 cuil. à soupe de ketchup

2 cuil. à soupe de sauce de soja claire

75 g de cacahuètes salées,
   concassées

1 Porter à ébullition une petite casserole d'eau. Ajouter les œufs et cuire environ 7 minutes. Retirer les œufs de la casserole et les laisser refroidir en les passant sous l'eau froide 1 minute. Écaler les œufs et les couper en quartiers.

2 Peler et râper les carottes grossièrement.

3 Couper le chou blanc en fines lanières.

4 Faire chauffer l'huile dans un grand wok préchauffé.

5 Faire revenir les carottes, le chou blanc et le poivron 3 minutes.

6 Ajouter les germes de soja et faire cuire 2 minutes.

7 Ajouter le ketchup, la sauce de soja, les cacahuètes et faire cuire environ 1 minute.

8 Disposer le sauté dans des assiettes chaudes et garnir avec les quartiers d'œufs durs. Servir immédiatement.

1

2

3

pak-choi à l'oignon rouge et aux noix de cajou

4 personnes

2 cuil. à soupe d'huile d'arachide

2 oignons rouges

175 g de chou rouge

225 g de pak-choi

2 cuil. à soupe de sauce aux prunes

100 g de noix de cajou grillées

VARIANTE

Vous pouvez remplacer
les noix de cajou
par des cacahuètes grillées
non salées.

1 Couper les oignons rouges en quartiers fins et le chou rouge en fines lanières.

2 Faire chauffer l'huile d'arachide dans un grand wok préchauffé.

3 Faire revenir les quartiers d'oignon 5 minutes, jusqu'à ce qu'ils commencent juste à brunir.

4 Ajouter le chou rouge et faire cuire encore 2 à 3 minutes.

5 Ajouter le pak-choi et faire cuire 5 minutes, jusqu'à ce que les feuilles se flétrissent.

6 Verser un filet de sauce aux prunes sur les légumes, bien mélanger et chauffer jusqu'à ce que le liquide bouillonne.

7 Ajouter les noix de cajou grillées et verser dans des bols chauds. Servir immédiatement.

poêlée de légumes aux cacahuètes

4 personnes

115 g de cacahuètes grillées
   non salées

2 cuil. à café de sauce au piment fort

175 ml de lait de coco

2 cuil. à soupe de sauce
   de soja épaisse

1 cuil. à soupe de coriandre en
   poudre

1 pincée de curcuma en poudre

1 cuil. à soupe de vergeoise

3 cuil. à soupe d'huile d'arachide

3 ou 4 échalotes, finement émincées

1 gousse d'ail, finement émincée

1 ou 2 piment(s) rouge(s) frais,
   épépiné(s) et finement émincé(s)

1 grosse carotte, coupée en julienne

1 poivron jaune, épépiné et émincé

1 poivron rouge, épépiné et émincé

1 courgette, coupée en julienne

115 g de haricots mange-tout,
   équeutés

1 morceau de concombre
   de 7,5 cm, coupé en julienne

250 g de pleurotes

250 g de marrons en boîte, égouttés

2 cuil. à café de gingembre frais râpé

zeste finement râpé et jus
   d'un citron vert

1 cuil. à soupe de coriandre fraîche
   hachée

sel et poivre

rondelles de citron vert,
   en garniture

1 Pour la sauce aux cacahuètes, hacher finement les cacahuètes ou les passer au mixeur. Les mettre dans une casserole avec la sauce au piment, le lait de coco, la sauce de soja, la coriandre en poudre, le curcuma en poudre et la vergeoise. Faire chauffer à feu doux 3 à 4 minutes. Réserver au chaud jusqu'à utilisation.

2 Dans un wok préchauffé, faire chauffer l'huile et faire revenir les échalotes, l'ail et les piments 2 minutes à feu moyen.

3 Ajouter la carotte, les poivrons, la courgette et les haricots mange-tout et faire revenir encore 2 minutes.

4 Ajouter le concombre, les marrons, les champignons, le gingembre, le zeste et le jus de citron et la coriandre fraîche. Faire revenir environ 5 minutes à feu vif. Les légumes doivent être dorés mais rester croquants. Saler et poivrer.

5 Répartir la poêlée de légumes dans des assiettes chaudes et garnir avec les rondelles de citron vert. Verser la sauce aux cacahuètes dans un bol et servir immédiatement avec les légumes.

haricots verts à la tomate

4 personnes

500 g de haricots verts, coupés
en tronçons de 5 cm

2 cuil. à soupe de ghee
(beurre clarifié)

1 morceau de gingembre frais
de 2,5 cm, râpé

1 gousse d'ail, hachée

1 cuil. à café de curcuma en poudre

½ cuil. à café de poivre de Cayenne

1 cuil. à café de coriandre en
poudre

4 tomates, pelées, épépinées
et coupées en dés

150 ml de bouillon de légumes

1 Blanchir les haricots dans une casserole d'eau bouillante, égoutter, rincer à l'eau froide et égoutter de nouveau.

2 Dans un wok, faire fondre le ghee à feu moyen. Faire revenir l'ail et le gingembre, puis ajouter le curcuma, le poivre de Cayenne et la coriandre. Faire revenir 1 minute à feu doux, sans cesser de remuer.

3 Ajouter les dés de tomate, en remuant pour les enrober d'épices.

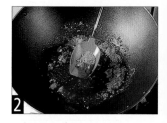

4 Verser le bouillon de légumes dans le wok, porter à ébullition et laisser mijoter environ 10 minutes à feu moyen à fort, en remuant de temps en temps. La sauce doit réduire et être onctueuse.

5 Ajouter les haricots verts et faire chauffer à feu moyen 5 minutes, sans cesser de remuer.

6 Verser la préparation dans un plat et servir immédiatement.

courgettes aux graines de fenugrec

4 personnes

6 cuil. à soupe d'huile

1 oignon moyen, finement haché

3 piments verts frais, finement
    hachés

1 cuil. à café de gingembre
    frais finement haché

1 cuil. à café d'ail haché

1 cuil. à café de poudre
    de piment

500 g de courgettes, coupées
    en rondelles

2 tomates, coupées en rondelles

feuilles de coriandre fraîche

2 cuil. à café de graines
    de fenugrec

VARIANTE

Les graines brun clair et plates
du fenugrec peuvent
ici être remplacées
par des graines de coriandre.

2 Ajouter les rondelles de
courgettes et de tomates, et faire
revenir 5 à 7 minutes.

1 Faire chauffer l'huile dans un wok
ou une sauteuse. Ajouter
l'oignon, les piments, le gingembre,
l'ail et la poudre de piment. Faire
revenir à feu vif 2 à 3 minutes jusqu'à
ce que l'oignon soit tendre.

3 Incorporer la coriandre et le
fenugrec et faire cuire encore
5 minutes, à feu moyen, jusqu'à ce
que les légumes soient tendres.

4 Retirer du feu et transférer
les courgettes au fenugrec
dans des assiettes. Servir
immédiatement, avec des chapatis.

sauté vert

4 personnes

2 cuil. à soupe d'huile d'arachide

2 gousses d'ail, hachées

½ cuil. à café d'anis étoilé
en poudre

1 cuil. à café de sel

225 g de jeunes pousses d'épinards

350 g de pak-choi, coupé
en lanières

25 g de pois mange-tout

1 poivron vert, épépiné
et émincé

50 ml de bouillon de légumes

1 cuil. à café d'huile de sésame

1 branche de céleri, émincée

CONSEIL

L'anis étoilé est un élément
important de la cuisine chinoise.
Les jolies cosses en forme
d'étoile sont souvent utilisées
pour ajouter une garniture
décorative aux plats. La saveur
de l'anis étoilé ressemble
à celle de la réglisse mais avec
des nuances épicées et
elle est plus forte.

1 Faire chauffer l'huile d'arachide
dans un wok préchauffé.

2 Ajouter l'ail et faire revenir
30 secondes. Verser en remuant
l'anis, le sel, le pak-choi, les épinards,
les pois mange-tout, le céleri et le
poivron et faire cuire 3 à 4 minutes.

3 Ajouter le bouillon de légumes,
couvrir et laisser cuire
3 à 4 minutes. Retirer le couvercle
et incorporer l'huile de sésame.
Remuer pour bien mélanger.

4 Disposer le sauté vert sur un plat
de service et servir
immédiatement.

poêlée de saison

4 personnes

1 poivron rouge, épépiné

115 g de courgettes

115 g de chou-fleur

115 g de haricots verts

3 cuil. à soupe d'huile

quelques fines rondelles
    de gingembre frais

½ cuil. à café de sel

½ cuil. à café de sucre

1 ou 2 cuil. à soupe de bouillon
    de légumes ou d'eau (facultatif)

1 cuil. à soupe de sauce de soja claire

quelques gouttes d'huile de sésame
    (facultatif)

1 À l'aide d'un couteau tranchant, couper le poivron rouge en dés. Couper les courgettes en fines rondelles. Séparer le chou-fleur en petites fleurettes, en jetant les parties noires, flétries ou trop fermes. Veiller à couper les légumes en fonction de leur temps de cuisson pour qu'ils soient cuits en même temps. Équeuter les haricots verts et les couper en deux.

2 Dans un wok préchauffé ou une grande poêle à fond épais, faire chauffer l'huile et faire revenir les légumes coupés et le gingembre environ 2 minutes.

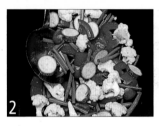

3 Ajouter le sel et le sucre et faire revenir encore 1 ou 2 minutes, en ajoutant éventuellement un peu de bouillon ou d'eau si le mélange paraît trop sec. N'ajouter du liquide que si c'est nécessaire.

4 Ajouter la sauce de soja claire et éventuellement l'huile de sésame, en remuant bien pour enrober légèrement les légumes.

5 Verser la préparation dans un plat chaud et servir immédiatement.

sauté de légumes d'été

4 personnes

225 g de mini-carottes, grattées

125 g de haricots à rames

2 courgettes, éboutées

1 botte de gros oignons verts

1 botte de radis

60 g de beurre

2 cuil. à soupe d'huile d'olive légère

2 cuil. à soupe de vinaigre
   de vin blanc

4 cuil. à soupe de vin blanc sec

1 cuil. à café de sucre en poudre

1 cuil. à soupe d'estragon haché

sel et poivre

brins d'estragon, en garniture

3 Faire chauffer l'huile d'olive, le vinaigre, le vin blanc et le sucre à feu doux dans une petite casserole, et remuer jusqu'à ce que le sucre soit dissous. Retirer la casserole du feu et ajouter l'estragon haché.

4 Une fois les légumes saisis, verser la sauce par-dessus, bien remuer pour enrober les légumes, puis verser le tout dans un plat chaud. Saler, poivrer et servir immédiatement, garni de brins d'estragon frais.

1 Couper les carottes en deux dans la longueur, les haricots et les courgettes en rondelles et les oignons verts et les radis en deux, de sorte que tous les légumes soient de taille à peu près identique.

2 Faire fondre le beurre dans une poêle à fond épais ou dans un wok. Mettre tous les légumes et les faire revenir à feu moyen, en remuant souvent. Ils doivent être tendres mais encore croquants et fermes sous la dent.

brocoli à l'orange et au gingembre

4 personnes

750 g de brocoli

2 fines rondelles de gingembre frais

2 gousses d'ail

1 orange

2 cuil. à café de maïzena

1 cuil. à soupe de sauce de soja claire

½ cuil. à café de sucre

2 cuil. à soupe d'huile

VARIANTE

Vous pouvez également préparer cette recette avec du chou-fleur, ou encore avec un mélange de chou-fleur et de brocoli.

---

1 Séparer le brocoli en petites fleurettes. Éplucher les queues à l'aide d'un économe à tête pivotante, puis les couper en fines rondelles à l'aide d'un couteau tranchant.

2 Émincer le gingembre et couper l'ail en fines rondelles.

3 Peler 2 lanières de zeste d'orange puis les couper en julienne. Mettre les lanières de zeste dans une terrine, les immerger dans l'eau froide et réserver.

4 Presser l'orange puis, dans une terrine, mélanger le jus avec la maïzena, la sauce de soja claire, le sucre et 4 cuillerées à soupe d'eau.

5 Dans un wok préchauffé, faire chauffer l'huile puis faire revenir les rondelles de brocoli 2 minutes.

6 Ajouter l'ail, les rondelles de gingembre et les fleurettes de brocoli et faire revenir encore 3 minutes.

7 Incorporer la sauce à l'orange dans le wok et faire revenir sans cesser de remuer, pour la faire épaissir et en enrober le brocoli.

8 Égoutter le zeste d'orange réservé et l'incorporer dans le wok. Verser la préparation dans un plat et servir immédiatement.

Riz et nouilles

Le riz et les nouilles sont des aliments de base de la cuisine asiatique : bon marché, copieux, nourrissants et délicieux, ils se cuisinent d'une infinité de façons différentes. C'est pourquoi ils sont présents à tous les repas. Les plats à base de riz et de nouilles sont souvent servis en accompagnement, mais peuvent tout aussi bien constituer un plat principal unique s'ils sont mélangés à de la viande, des légumes ou du poisson, le tout bien sûr agrémenté d'épices et de sauces parfumées.

Le riz nature, servi en accompagnement, aide à équilibrer les plats très riches et très épicés. Les nouilles, elles, varient d'un pays à l'autre et existent en différentes formes. Les nouilles aux œufs fines sont faites à base de blé, d'eau et d'œufs, et ce sont sûrement les plus répandues chez nous. Fraîches ou sèches, elles sont faciles et rapides à préparer car elles nécessitent une cuisson très courte.

riz cantonais

4 personnes

700 ml d'eau
300 g de riz blanc long
2 œufs
4 cuil. à café d'eau froide
3 cuil. à soupe d'huile de tournesol
4 oignons verts, émincés en biais
1 poivron rouge, vert ou jaune,
   épépiné et émincé en biais
3 ou 4 fines tranches de lard maigre,
   découennées et coupées
   en lanières
200 g de germes de soja frais
115 g de petits pois surgelés,
   décongelés
2 cuil. à soupe de sauce
   de soja claire (facultatif)
sel et poivre

1 Verser l'eau dans un wok, ajouter ½ cuillerée à café de sel et porter à ébullition. Mettre le riz dans une passoire et le rincer sous l'eau froide jusqu'à ce que l'eau soit claire. Bien égoutter et mettre le riz dans le wok. Bien remuer, couvrir le wok hermétiquement et laisser mijoter 12 ou 13 minutes. Ne pas retirer le couvercle pendant la cuisson, sinon la vapeur s'échappera et le riz ne cuira pas.

2 Découvrir, remuer le riz et l'étaler sur une plaque à pâtisserie, pour le faire refroidir et sécher.

3 Battre chaque œuf séparément avec 2 cuillerées à café d'eau, du sel et du poivre. Dans un wok, faire chauffer 1 cuillerée à soupe d'huile. Y verser un œuf et le répartir sur la surface. Laisser prendre. Retirer du wok., couper l'omelette en fines lanières. Recommencer avec le second œuf.

4 Verser le reste d'huile dans le wok et faire revenir les oignons verts et le poivron 1 à 2 minutes. Ajouter le lard et faire revenir 1 à 2 minutes. Ajouter les germes de soja et les petits pois en remuant bien. Incorporer éventuellement la sauce de soja.

5 Ajouter le riz, saler et poivrer à son goût et faire revenir 1 minute. Ajouter les morceaux d'omelette et cuire encore 2 minutes sans cesser de remuer. Le riz doit être très chaud. Verser la préparation dans un plat chaud et servir immédiatement.

risotto chinois

4 personnes

2 cuil. à soupe d'huile d'arachide

1 oignon, émincé

1 cuil. à café de poudre
de cinq-épices chinois

2 gousses d'ail, hachées

225 g de saucisse chinoise

225 g de carottes, coupées en dés

1 poivron vert, coupé en dés

275 g de riz arborio

850 ml de bouillon de légumes
ou de poulet

1 cuil. à soupe de ciboulette fraîche

CONSEIL

La saucisse chinoise, au goût
fort, se compose de gras
et de viande de porc hachés,
et d'épices. À défaut de saucisse
chinoise, prendre une saucisse
portugaise épicée.

1 Faire chauffer l'huile d'arachide
dans un grand wok préchauffé.

2 Faire revenir l'oignon, l'ail
et le cinq-épices 1 minute.

3 Ajouter la saucisse chinoise
coupée en rondelles, les carottes
et le poivron vert et mélanger.

4 Ajouter en remuant le riz
et cuire 1 minute.

5 Ajouter le bouillon
progressivement en remuant
jusqu'à ce que le liquide ait été absorbé
et que les grains de riz soient tendres.

6 Ajouter la ciboulette ciselée
avec la dernière cuillerée de
bouillon.

7 Verser le risotto chinois dans des
bols chauds et servir
immédiatement.

riz à la noix de coco

4 personnes

275 g de riz blanc long

600 ml d'eau

½ cuil. à café de sel

100 ml de lait de coco

25 g de noix de coco séchée

copeaux de noix de coco fraîche,
  en garniture

1 Rincer soigneusement le riz à l'eau froide jusqu'à ce que l'eau soit claire.

2 Égoutter soigneusement le riz dans une passoire posée sur une grande terrine.

3 Mettre le riz dans un wok avec 600 ml d'eau.

4 Ajouter le sel et le lait de coco et porter à ébullition.

5 Couvrir le wok, réduire le feu et laisser frémir 10 minutes.

6 Retirer le couvercle du wok et aérer le riz avec une fourchette. Il doit avoir absorbé tout le liquide et les grains doivent être tendres.

7 Transférer dans un plat chaud et parsemer de noix de coco séchée. Servir immédiatement.

CONSEIL

Le lait de coco n'est pas le liquide contenu dans la noix de coco – appelé eau de coco. Il s'obtient à partir de chair de noix de coco fraîche trempée dans de l'eau puis pressée pour en extraire toute la saveur.

riz congee au crabe

4 personnes

225 g de riz rond

1,5 l de bouillon de poisson

½ cuil. à café de sel

100 g de saucisse chinoise,
   coupée en fines rondelles

225 g de chair de crabe blanche

6 oignons verts, émincés

2 cuil. à soupe de coriandre ciselée

CONSEIL

Utilisez de préférence de la chair
de crabe fraîche à la saveur
délicate et douce.
À l'achat, un crabe frais
doit paraître lourd par rapport à
sa taille et on ne doit pas
entendre de bruit d'eau
à l'intérieur lorsqu'on l'agite.

1 Mettre le riz dans un grand wok préchauffé.

2 Ajouter le bouillon de poisson et porter à ébullition.

3 Réduire le feu et laisser cuire à feu doux 1 heure, en remuant de temps en temps.

4 Ajouter le sel, la saucisse chinoise, le crabe, les oignons et la coriandre et faire chauffer environ 5 minutes.

5 Rajouter un peu d'eau si le mélange est trop épais.

6 Verser le riz congee au crabe dans des bols chauds et servir immédiatement.

riz sauté aux oignons et poulet au cinq-épices

4 personnes

1 cuil. à soupe de poudre
de cinq-épices chinois
350 g de blancs de poulet, désossés,
sans peau et coupés en cubes
2 cuil. à soupe de maïzena
3 cuil. à soupe d'huile d'arachide
1 oignon, coupé en dés
225 g de riz blanc long
½ cuil. à café de curcuma
600 ml de bouillon de poulet
2 cuil. à soupe de ciboulette
fraîche ciselée

CONSEIL

Maniez le curcuma
avec précaution car il laisse
des traces jaunes sur les mains
et les vêtements.

1 Mettre dans une grande terrine
la poudre de cinq-épices chinois
et la maïzena. Ajouter les cubes de
poulet et les enrober du mélange.

2 Faire chauffer 2 cuillerées à soupe
d'huile d'arachide dans un wok
préchauffé. Faire revenir le poulet
5 minutes. Retirer le poulet à l'aide
d'une écumoire et réserver.

3 Ajouter le reste d'huile d'arachide
dans le wok.

4 Ajouter l'oignon et faire revenir
1 minute.

5 Ajouter le riz, le bouillon de poulet
et le curcuma, et porter à ébullition.

6 Remettre le poulet dans le wok,
réduire le feu et laisser mijoter à
feu doux 10 minutes, jusqu'à ce que
tout le liquide ait été absorbé et que le
riz soit tendre.

7 Ajouter la ciboulette en remuant,
bien mélanger et servir chaud.

riz cantonais et bœuf au sept-épices

4 personnes

225 g de riz blanc long

600 ml d'eau

350 g de filet de bœuf

2 cuil. à soupe de sauce de soja
épaisse

2 cuil. à soupe de ketchup

1 cuil. à soupe d'assaisonnement
thaïlandais au sept-épices

2 cuil. à soupe d'huile d'arachide

1 oignon, coupé en dés

225 g de carottes, coupées en dés

100 g de petits pois surgelés

2 œufs, légèrement battus

2 cuil. à soupe d'eau froide

VARIANTE

Vous pouvez également
remplacer le bœuf par du filet
de porc ou du poulet.

1 Rincer le riz à l'eau froide
et l'égoutter soigneusement.
Le mettre dans une casserole
avec 600 ml d'eau, porter à ébullition,
couvrir et laisser cuire à feu doux
12 minutes. Étaler le riz cuit sur un
plateau et le laisser refroidir.

2 À l'aide d'un couteau tranchant,
couper le bœuf en tranches fines.

3 Mélanger la sauce de soja,
le ketchup et l'assaisonnement
thaïlandais au sept-épices. Verser
le mélange sur le bœuf et bien remuer
pour l'enrober entièrement.

4 Faire chauffer l'huile d'arachide
dans un grand wok préchauffé.
Faire revenir le bœuf 3 à 4 minutes.

5 Ajouter l'oignon, les carottes
et les petits pois, et faire cuire
2 à 3 minutes. Ajouter le riz cuit
en remuant pour bien mélanger.

6 Battre les œufs avec 2 cuillerées
à soupe d'eau froide. Verser
délicatement sur le riz et faire cuire
3 à 4 minutes, jusqu'à ce que le riz soit
bien chaud et que les œufs aient pris.
Verser dans un plat chaud et servir
immédiatement.

riz chinois au poulet

4 personnes

350 g de riz blanc long

1 cuil. à café de curcuma

2 cuil. à soupe d'huile de tournesol

350 g de blancs ou de cuisses
 de poulet, désossés, sans la peau
 et coupés en cubes

1 poivron rouge, émincé

1 poivron vert, émincé

1 piment vert, épépiné
 et finement haché

1 carotte, grossièrement râpée

150 g de germes de soja

6 oignons verts

2 cuil. à soupe de sauce de soja

quelques rondelles d'oignon vert,
 en garniture

1 Mettre le riz et le curcuma dans une casserole d'eau salée et cuire jusqu'à ce que les grains de riz soient juste tendres, 10 minutes environ. Puis égoutter le riz et le presser avec du papier absorbant pour en exprimer toute l'eau.

2 Faire chauffer l'huile de tournesol dans un grand wok préchauffé.

3 Faire revenir les cubes de poulet à feu vif jusqu'à ce qu'ils commencent juste à dorer.

4 Ajouter les poivrons et le piment et faire cuire 2 à 3 minutes.

5 Ajouter le riz progressivement en mélangeant bien après chaque ajout.

6 Ajouter la carotte, les germes de soja et les oignons et faire cuire encore 2 minutes.

7 Verser un filet de sauce de soja et bien mélanger.

8 Garnir éventuellement d'oignon vert et servir immédiatement.

riz sauté aux œufs

4 personnes

2 cuil. à soupe d'huile d'arachide

1 œuf, battu avec 1 cuil. à café d'eau

1 gousse d'ail, finement hachée

1 petit oignon, finement émincé

240 g de riz long, cuit

1 cuil. à soupe de pâte de curry
   rouge thaïlandaise

60 g de petits pois, cuits

1 cuil. à soupe de nuoc mam thaï

2 cuil. à soupe de ketchup

2 cuil. à soupe de coriandre fraîche
   hachée

GARNITURE

rondelles de concombre

fleurs de piment rouge

1 Pour confectionner les fleurs de piment, les tenir par la tige et à l'aide d'un petit couteau, pratiquer une entaille de la tige jusqu'à l'extrémité du piment. Faire pivoter le piment d'un quart de tour et pratiquer de nouveau une entaille. Renouveler l'opération jusqu'à totaliser 4 entailles. Retirer ensuite les graines. Couper chaque pétale en 2 ou en 4 jusqu'à obtenir 8 à 16 pétales. Placer dans de l'eau glacée.

2 Faire chauffer environ 1 cuillerée à café d'huile dans un wok. Verser l'œuf battu avec l'eau, en inclinant le wok pour que l'œuf en tapisse le fond. Lorsque l'omelette est cuite et dorée, la retirer du wok et la rouler. Réserver.

3 Avec le reste d'huile, faire revenir l'ail et l'oignon 1 minute. Ajouter la pâte de curry, le riz et les petits pois.

4 Incorporer le nuoc mam et le ketchup. Retirer le wok du feu et verser le riz dans un plat de service.

5 Couper l'omelette en tranches, roulées en spirales, et en garnir le riz. Ajouter les rondelles de concombre et les fleurs de piment. Servir immédiatement.

riz sauté à la saucisse chinoise

4 personnes

350 g de saucisse chinoise

2 cuil. à soupe d'huile de tournesol

2 cuil. à soupe de sauce de soja
épaisse

1 oignon, émincé

175 g de carottes, coupées
en julienne

100 g de morceaux d'ananas
en boîte, égouttés

175 g de petits pois

275 g de riz long, cuit

1 œuf, battu

1 cuil. à soupe de persil frais ciselé

1 Couper la saucisse en fines
rondelles.

2 Faire chauffer l'huile dans un wok
préchauffé. Faire revenir la saucisse
5 minutes.

3 Ajouter en remuant la sauce
de soja et laisser bouillonner
2 à 3 minutes, jusqu'à obtention
d'une consistance sirupeuse.

4 Ajouter l'oignon, les carottes,
les petits pois et l'ananas et faire
cuire encore 3 minutes.

5 Ajouter le riz et faire cuire
2 à 3 minutes, jusqu'à ce que le
riz soit bien chaud.

6 Verser l'œuf battu sur le riz et cuire
en remuant, jusqu'à ce que l'œuf
prenne.

7 Verser le riz sauté dans un grand
plat chaud et parsemer
abondamment de persil frais.
Servir immédiatement.

riz sauté au porc et au piment doux

4 personnes

450 g de filet de porc

2 cuil. à soupe d'huile de tournesol

2 cuil. à soupe de sauce au piment
douce, un peu plus pour servir

1 oignon, émincé

175 g de carottes, coupées
en julienne

175 g de courgettes, coupées
en julienne

100 g de pousses de bambou
en boîte, égouttées

275 g de riz long, cuit

1 œuf, battu

1 cuil. à soupe de persil frais ciselé

CONSEIL

Pour une réalisation vraiment
rapide, ajoutez un mélange
de légumes surgelés au riz au lieu
de préparer des légumes frais.

1 À l'aide d'un couteau tranchant,
couper le porc en tranches fines.

2 Faire chauffer l'huile de tournesol
dans un grand wok préchauffé.

3 Ajouter le porc et faire revenir
5 minutes.

4 Ajouter la sauce au piment. Laisser
bouillonner 3 minutes en remuant,
jusqu'à obtenir une consistance sirupeuse.

5 Ajouter les oignons, les carottes,
les courgettes et les pousses
de bambou et faire cuire 3 minutes.

6 Ajouter le riz et faire cuire
2 à 3 minutes, jusqu'à
ce que le riz soit bien chaud.

7 Verser l'œuf battu sur le riz sauté
et cuire en mélangeant bien
jusqu'à ce que les œufs prennent.

8 Parsemer de persil frais et servir
immédiatement, accompagné
éventuellement de sauce au piment
douce.

salade de nouilles à la noix de coco et au basilic

4 personnes

225 g de nouilles aux œufs

2 cuil. à café d'huile de sésame

1 carotte

120 g de germes de soja

½ concombre

150 g de blanc de dinde, cuit
et coupé en fines lanières

2 oignons verts, émincés

GARNITURE

feuilles de basilic, hachées

cacahuètes, concassées

SAUCE

5 cuil. à soupe de lait de coco

1 cuil. à soupe de sauce de soja claire

2 cuil. à café de nuoc mam thaï

3 cuil. à soupe de jus de citron vert

1 cuil. à café d'huile pimentée

1 cuil. à café de sucre

2 cuil. à soupe de coriandre hachée

2 cuil. à soupe de basilic doux haché

1 Faire cuire les nouilles 4 minutes à l'eau bouillante, ou selon les instructions du paquet. Les plonger ensuite dans une terrine d'eau froide pour les refroidir, égoutter et les arroser d'huile de sésame.

2 À l'aide d'un économe, tailler la carotte en fins rubans. Les faire blanchir avec les germes de soja 30 secondes dans de l'eau bouillante, puis les plonger 30 secondes dans l'eau froide. Toujours à l'aide de l'économe, tailler de fins rubans de concombre.

3 Mélanger la carotte, les germes de soja et le concombre avec la dinde, l'oignon vert et les nouilles.

4 Verser tous les ingrédients de la sauce dans un récipient hermétique et agiter pour bien mélanger.

5 Verser la sauce sur la préparation aux nouilles et la transférer dans un plat. Parsemer de cacahuètes concassées et de basilic. Servir froid.

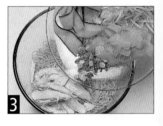

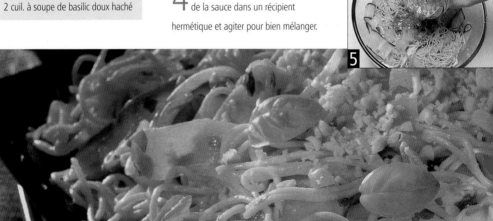

nouilles aux œufs au poulet, sauce d'huître

4 personnes

250 g de nouilles aux œufs

450 g de cuisses de poulet, désossées

2 cuil. à soupe d'huile d'arachide

100 g de carottes, en rondelles

3 cuil. à soupe de sauce d'huître

2 œufs

3 cuil. à soupe d'eau froide

VARIANTE

Vous pouvez parfumer avec de la sauce de soja ou de la sauce hoisin, plutôt que de la sauce d'huître.

1 Mettre les nouilles dans un grand un plat. Les couvrir d'eau bouillante et laisser tremper 10 minutes.

2 Pendant ce temps, retirer la peau des cuisses de poulet. À l'aide d'un couteau tranchant, couper la viande en dés.

3 Faire chauffer l'huile d'arachide dans un grand wok préchauffé.

4 Faire revenir les morceaux de poulet et les rondelles de carottes environ 5 minutes.

5 Égoutter soigneusement les nouilles. Les ajouter au wok et faire cuire encore 2 à 3 minutes, jusqu'à ce qu'elles soient bien chaudes.

6 Battre ensemble la sauce d'huître, les œufs et 3 cuillerées à soupe d'eau froide. Verser délicatement le mélange sur les nouilles et faire cuire encore 2 à 3 minutes, jusqu'à ce que les œufs prennent. Verser dans des bols chauds et servir immédiatement.

bœuf pimenté au gingembre et nouilles

4 personnes

225 g de nouilles aux œufs
   moyennes
350 g de filet de bœuf
2 cuil. à soupe d'huile de tournesol
1 cuil. à café de gingembre moulu
1 gousse d'ail, hachée
1 piment rouge, épépiné
   et très finement émincé
100 g de carottes, coupées
   en julienne
6 oignons verts, émincés
2 cuil. à soupe de marmelade
   de citron vert
2 cuil. à soupe de sauce de soja
huile, pour la friture

1 Mettre les nouilles dans une grande
terrine ou un plat. Les recouvrir
d'eau bouillante et laisser tremper
environ 10 minutes pendant que les
autres ingrédients cuisent.

2 Couper le bœuf
en tranches fines.

3 Faire chauffer l'huile de tournesol
dans un grand wok préchauffé.

4 Faire revenir 5 minutes le bœuf
et le gingembre.

5 Ajouter l'ail, le piment, les carottes
et les oignons et faire cuire encore
2 à 3 minutes.

6 Ajouter la marmelade de citron
vert et la sauce de soja et laisser
bouillonner 2 minutes. Retirer le
mélange de bœuf pimenté et de
gingembre, réserver au chaud.

7 Faire chauffer l'huile de friture
dans le wok.

8 Égoutter les nouilles et les sécher
avec du papier absorbant.
Les plonger délicatement dans l'huile
chaude et les frire 2 à 3 minutes,
jusqu'à ce qu'elles soient croustillantes.
Les égoutter sur du papier absorbant.

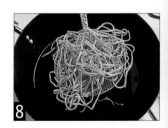

9 Répartir les nouilles dans
4 assiettes et disposer par-dessus
le bœuf pimenté au gingembre.
Servir immédiatement.

nouilles aux crevettes

4 personnes

250 g de fines nouilles de riz
4 cuil. à soupe d'huile d'arachide
2 gousses d'ail, hachées
2 piments rouges, épépinés et
   très finement hachés
1 cuil. à café de gingembre frais râpé
2 cuil. à soupe de pâte
   de curry de Madras
225 g de jambon cuit, coupé
   en fines lanières
2 cuil. à soupe de vinaigre
   de vin de riz
1 cuil. à soupe de sucre
   en poudre
100 g de châtaignes d'eau
   en boîte, émincées
100 g de champignons, émincés
1 poivron rouge, épépiné et
   finement émincé
100 g de petits pois
100 g de crevettes, décortiquées
2 gros œufs
4 cuil. à soupe de lait de coco
25 g de noix de coco séchée, râpée
   en copeaux
2 cuil. à soupe de coriandre fraîche
   ciselée

1 Mettre les nouilles dans
une terrine, les recouvrir d'eau
bouillante et laisser gonfler 10 minutes
environ. Égoutter soigneusement
les nouilles et les mélanger avec
2 cuillerées à soupe d'huile d'arachide.

2 Faire chauffer le reste d'huile
d'arachide dans un grand wok
préchauffé.

3 Faire revenir l'ail, les piments,
le gingembre, la pâte de curry,
le vinaigre de vin et le sucre 1 minute.

4 Ajouter le jambon, les châtaignes
d'eau, les champignons, les petits
pois et le poivron rouge et faire cuire
5 minutes.

5 Ajouter les nouilles et les crevettes
et faire cuire 2 minutes.

6 Battre ensemble les œufs et le lait
de coco. Verser délicatement le
mélange dans le wok et faire cuire
jusqu'à ce que les œufs prennent.

7 Ajouter la noix de coco séchée
et la coriandre ciselée et bien
mélanger. Disposer les nouilles dans
des assiettes chaudes et servir
immédiatement.

nouilles à la thaïlandaise

4 personnes

250 g de nouilles de riz
3 cuil. à soupe d'huile d'arachide
3 gousses d'ail, hachées
125 g de filet de porc, coupé
  en dés d'environ 1 cm
150 g de crevettes, décortiquées
1 cuil. à soupe de sucre
3 cuil. à soupe de nuoc mam thaï
1 cuil. à soupe de ketchup
1 cuil. à soupe de jus de citron vert
2 œufs, légèrement battus
120 g de germes de soja

GARNITURE
1 cuil. à café de flocons de piment
  rouge séché
2 oignons verts, émincés
2 cuil. à soupe de coriandre fraîche

1 Faire tremper les nouilles
15 minutes dans l'eau chaude,
ou en suivant les instructions figurant
sur le paquet.

CONSEIL

Égouttez soigneusement
les nouilles avant de les ajouter
au plat. Trop humides,
elles en compromettraient
la texture.

2 Faire chauffer l'huile dans un wok
et faire revenir l'ail 30 secondes
à feu vif. Ajouter le porc et faire
revenir 2 à 3 minutes jusqu'à
ce qu'il commence à se colorer.

3 En remuant, ajouter les crevettes,
puis le sucre, le nuoc mam,
le ketchup et le jus de citron vert
et faire cuire encore 30 secondes.

4 Verser les œufs et faire cuire
quelques instants jusqu'à
ce qu'ils commencent à prendre.
Ajouter les nouilles et les germes
de soja et faire cuire 30 secondes.

5 Transférer dans un plat de service
et garnir de flocons de piment,
d'oignons verts et de coriandre hachée.

235

riz sauté aux crevettes

4 personnes

300 g de riz long

2 œufs

4 cuil. à café d'eau froide

3 cuil. à soupe d'huile de tournesol

4 oignons verts, finement
émincés en biais

1 gousse d'ail, hachée

125 g de champignons de Paris,
finement émincés

2 cuil. à soupe de sauce d'huître
ou d'anchoïade

200 g de châtaignes d'eau
en boîte, égouttées et émincées

250 g de crevettes cuites décortiquées,
décongelées si nécessaire

sel et poivre

cresson haché, en garniture (facultatif)

1 Porter à ébullition une casserole d'eau, y verser le riz puis, à la reprise de l'ébullition, baisser le feu et laisser mijoter 15 à 20 minutes. Le riz doit être tendre. Bien égoutter, rincer à l'eau froide puis égoutter de nouveau. Réserver au chaud.

2 Battre chaque œuf séparément avec 2 cuillerées à café d'eau, du sel et du poivre.

3 Dans un wok, faire chauffer 2 cuillerées à café d'huile. Une fois qu'elle est très chaude, verser le premier œuf en inclinant le wok pour répartir l'œuf sur la surface, et laisser prendre sans remuer. Retirer l'omelette du wok et recommencer avec le second œuf. Couper les omelettes en dés de 2,5 cm.

4 Faire chauffer le reste d'huile dans le wok. Une fois qu'elle est très chaude, faire revenir les oignons verts et l'ail 1 minute. Ajouter les champignons et faire revenir 2 minutes.

5 Incorporer la sauce d'huître ou l'anchoïade, saler et poivrer puis ajouter les châtaignes d'eau et les crevettes. Faire revenir 2 minutes.

6 Incorporer le riz cuit et faire revenir 1 minute, puis ajouter les dés d'omelette et faire revenir encore 1 à 2 minutes. La préparation doit être très chaude. Servir immédiatement, éventuellement garni de cresson haché.

nouilles de riz croustillantes

4 personnes

huile, pour la friture
200 g de vermicelle chinois
1 blanc de poulet, sans la peau
    et haché
2 piments-oiseaux, épépinés
    et émincés
4 cuil. à soupe de champignons
    noirs séchés, trempés
    et finement émincés
3 cuil. à soupe de crevette séchée
4 oignons verts, émincés
3 cuil. à soupe de jus de citron vert
2 cuil. à soupe de sauce de soja
2 cuil. à soupe de nuoc mam thaï
2 cuil. à soupe de vinaigre de riz
2 cuil. à soupe de sucre roux
2 œufs, légèrement battus
3 cuil. à soupe de feuilles
    de coriandre fraîche hachée
1 oignon, finement haché
4 gousses d'ail, finement hachées
lanières d'oignon vert, en garniture
feuilles de coriandre, en garniture

1 Faire chauffer l'huile dans un wok jusqu'à ce que elle soit très chaude et faire frire les nouilles, en les remuant de temps en temps, jusqu'à ce qu'elles soient croustillantes et dissociées. Retirer du wok. Égoutter sur du papier absorbant.

2 Faire chauffer 1 cuillerée à soupe d'huile. Faire revenir l'oignon et l'ail 1 minute. Ajouter le poulet et faire revenir 3 minutes. Ajouter en remuant le piment, les champignons, la crevette séchée et l'oignon vert.

3 Mélanger le jus de citron vert avec la sauce de soja, le vinaigre de riz, le nuoc mam et le sucre. Incorporer le tout au contenu du wok et laisser cuire encore 1 minute. Retirer le wok du feu.

4 Faire chauffer le reste d'huile dans une poêle, y casser les œufs. Laisser cuire jusqu'à ce que l'omelette soit d'un beau jaune et la retourner pour en cuire l'autre face. La rouler et la couper en rubans longs et fins.

5 Réunir les nouilles, les ingrédients sautés, la coriandre et les rubans d'omelette. Garnir de lanières d'oignon vert et de feuilles de coriandre.

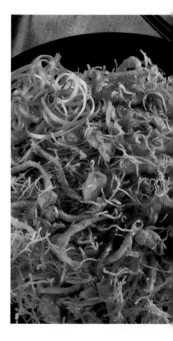

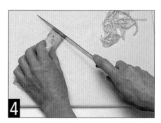

agneau double-cuisson aux nouilles

4 personnes

250 g de nouilles aux œufs
450 g de filet d'agneau, coupé
  en tranches fines
2 cuil. à soupe de sauce de soja
  épaisse
2 cuil. à soupe d'huile de tournesol
2 gousses d'ail, hachées
1 cuil. à soupe de sucre en poudre
2 cuil. à soupe de sauce d'huître
175 g de jeunes pousses d'épinards

CONSEIL
Avec des nouilles déshydratées,
suivez les instructions
du paquet car le trempage
est plus court.

1 Mettre les nouilles dans une terrine et les recouvrir d'eau bouillante. Laisser gonfler 10 minutes.

2 Porter une grande casserole d'eau à ébullition. Ajouter l'agneau et cuire 5 minutes. Égoutter.

3 Mettre les tranches d'agneau dans une terrine et mélanger avec la sauce de soja et 1 cuillère à soupe d'huile de tournesol.

4 Faire chauffer le reste d'huile de tournesol dans un wok préchauffé.

5 Faire revenir l'agneau mariné et l'ail 5 minutes, jusqu'à ce qu'ils commencent juste à brunir.

6 Ajouter le sucre et la sauce d'huître et bien mélanger.

7 Égoutter soigneusement les nouilles. Les ajouter au wok et faire cuire encore 5 minutes.

8 Ajouter les épinards et cuire 1 minute, jusqu'à ce que les feuilles soient juste flétries. Verser l'agneau et les nouilles dans des bols et servir chaud.

riz chinois aux légumes

4 personnes

350 g de riz blanc long-grain

1 cuil. à café de curcuma

2 cuil. à soupe d'huile de tournesol

225 g de courgettes, coupées
    en rondelles

150 g de germes de soja

1 poivron rouge, épépiné et émincé

1 poivron vert, épépiné et émincé

1 piment vert, épépiné et émincé

1 carotte, grossièrement râpée

6 oignons verts, émincés

2 cuil. à soupe de sauce de soja
    claire

GARNITURE

quelques rondelles d'oignon vert

CONSEIL

Remplacez le curcuma
par quelques filaments de safran
infusés dans de l'eau bouillante.

1 Mettre le riz et le curcuma dans une casserole d'eau légèrement salée et porter à ébullition. Réduire le feu et laisser cuire jusqu'à ce que le riz soit juste tendre. L'égoutter soigneusement et le presser avec une double épaisseur de papier absorbant pour en exprimer toute l'eau.

2 Faire chauffer l'huile de tournesol dans un grand wok préchauffé.

3 Faire revenir les courgettes environ 2 minutes.

4 Ajouter les poivrons et le piment et faire cuire 2 à 3 minutes.

5 Incorporer progressivement le riz cuit dans le wok en remuant bien après chaque ajout.

6 Ajouter les carottes, les germes de soja et les oignons et faire cuire encore 2 minutes.

7 Verser un filet de sauce de soja et servir, garni de rondelles d'oignons verts.

galettes de nouilles à la mode thaïe

4 personnes

125 g de vermicelle de riz
2 oignons verts, finement émincés
1 tige de lemon-grass, coupée
   en fines lanières
3 cuil. à soupe de noix de coco
   fraîche coupée en lanières
sel et poivre
huile, pour la friture

ACCOMPAGNEMENT
120 g de germes de soja
1 petit oignon rouge, émincé
1 avocat, coupé en tranches fines
2 cuil. à soupe de jus de citron vert
2 cuil. à soupe de vin de riz
1 cuil. à café de sauce au piment

1 Briser le vermicelle en petits morceaux dans de l'eau chaude et faire tremper 4 minutes, ou en suivant les instructions du paquet. Égoutter et sécher avec du papier absorbant.

2 Mélanger les nouilles avec l'oignon vert, le lemon-grass et la noix de coco.

3 Faire chauffer une petite quantité d'huile dans une poêle jusqu'à ce qu'elle soit très chaude. Huiler un emporte-pièce de 9 cm de diamètre et le placer dans la poêle. Le remplir à ras bord de nouilles, en appuyant avec le dos d'une cuillère.

4 Faire frire la galette 30 secondes, puis retirer délicatement l'emporte-pièce et continuer à faire frire la galette jusqu'à ce qu'elle soit dorée, en la retournant une fois. Retirer du wok et égoutter sur du papier absorbant. Renouveler l'opération avec le reste des nouilles jusqu'à obtenir une douzaine de galettes.

5 Pour servir, empiler trois galettes en intercalant les germes de soja, l'avocat et l'oignon. Mélanger le jus de citron vert avec le vin de riz et la sauce au piment et arroser les galettes de cette sauce juste avant de servir.

nouilles de riz aux épinards

4 personnes

2 cuil. à soupe de crevette séchée
(facultatif)
480 g de jeunes pousses d'épinards
1 cuil. à soupe d'huile d'arachide
2 gousses d'ail, finement hachées
2 cuil. à café de pâte de curry vert
thaïlandaise
1 cuil. à café de sucre
1 cuil. à soupe de sauce de soja claire
120 g de nouilles de riz

CONSEIL

Il est préférable d'utiliser
de jeunes pousses d'épinards
pour ce plat car elles sont très
tendres et cuisent en quelques
secondes. Si vous n'arrivez pas
à vous en procurer, coupez
les feuilles d'épinards
en lanières, afin qu'elles cuisent
plus rapidement.

1 Faire tremper les nouilles
15 minutes dans de l'eau chaude,
ou en suivant les instructions figurant
sur le paquet, et les égoutter
soigneusement.

2 Faire tremper la crevette 10 minutes
à l'eau chaude et bien égoutter.

3 Laver soigneusement les
épinards, les égoutter et retirer
les tiges dures.

4 Faire chauffer l'huile dans un wok
ou une sauteuse et y faire revenir
l'ail 1 minute. Incorporer la pâte de curry
et faire revenir le tout 30 secondes.
Ajouter la crevette et faire cuire encore
30 secondes.

5 Ajouter les épinards et faire cuire
1 à 2 minutes jusqu'à ce que
les feuilles soient tout juste flétries.

6 Incorporer le sucre et la sauce
de soja, puis ajouter les nouilles
et secouer pour bien mélanger le tout.
Servir chaud.

243

nouilles de riz à la chinoise

4 personnes

175 g de nouilles de riz

2 cuil. à soupe d'huile

1 gousse d'ail, hachée

2 petits piments verts, hachés

150 g de chair à saucisse
   ou de viande de poulet hachée

1 petit poivron vert, épépiné
   et coupé en petits morceaux

4 feuilles de lime kafir, coupées
   en lanières

1 cuil. à soupe de sauce
   de soja épaisse

1 cuil. à soupe de sauce de soja claire

1 tomate, coupée en fins quartiers

2 cuil. à soupe de feuilles
   de basilic doux frais

1 petit oignon, émincé

½ cuil. à café de sucre

1 Faire gonfler les nouilles 15 minutes dans de l'eau chaude. Égoutter soigneusement.

2 Faire chauffer l'huile dans un wok et faire revenir l'ail, les piments et l'oignon 1 minute.

3 Ajouter le porc ou le poulet et faire revenir 1 minute à feu vif, ajouter le poivron et faire cuire encore 2 à 3 minutes.

4 Ajouter les feuilles de lime, les sauces de soja et le sucre. Verser les nouilles et la tomate. Remuer.

5 Parsemer de feuilles de basilic et servir très chaud.

CONSEIL

Les feuilles de lime kafir fraîches se congèlent bien, vous pouvez conserver celles que vous n'utilisez pas au congélateur plus d'un mois ficelées dans un sac de congélation.
Elles seront prêtes à l'emploi.

nouilles sautées aux crevettes pimentées

4 personnes

2 cuil. à soupe de sauce de soja claire

1 cuil. à soupe de jus de citron
   ou de citron vert

1 cuil. à soupe de nuoc mam thaï

125 g de tofu ferme, égoutté

125 g de vermicelle transparent

2 cuil. à soupe d'huile de tournesol

4 échalotes, finement émincées

2 gousses d'ail, hachées

1 petit piment rouge frais, épépiné
   et finement haché

2 branches de céleri,
   finement émincées

2 carottes, coupées
   en fines rondelles

125 g de crevettes cuites
   décortiquées

55 g de germes de soja

GARNITURE

feuilles de céleri

piments frais

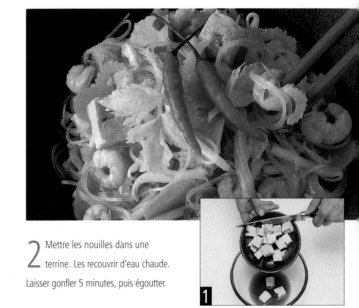

1 Dans un bol, mélanger la sauce de soja claire avec le jus de citron ou de citron vert et le nuoc mam. À l'aide d'un couteau, couper le tofu en dés de 1 ou 2 cm. Mettre les dés de tofu dans le bol et bien remuer pour les enrober de sauce. Recouvrir le bol de film alimentaire et laisser mariner environ 15 minutes.

2 Mettre les nouilles dans une terrine. Les recouvrir d'eau chaude. Laisser gonfler 5 minutes, puis égoutter.

3 Dans un wok préchauffé, faire chauffer l'huile de tournesol et faire revenir les échalotes, l'ail et le piment rouge 1 minute.

4 Ajouter les rondelles de céleri et de carotte dans le wok, et faire revenir 2 ou 3 minutes.

5 Verser les nouilles égouttées dans le wok et faire revenir 2 minutes, sans cesser de remuer. Ajouter les crevettes, les germes de soja et les dés de tofu marinés, ainsi que la marinade. Faire cuire 2 à 3 minutes à feu moyen

à fort, en remuant fréquemment, pour bien réchauffer la préparation.

6 Verser la préparation dans un plat chaud et garnir avec des feuilles de céleri et des piments frais. Servir immédiatement.

vermicelle de riz aux crevettes

4 personnes

175 g de vermicelle de riz

1 cuil. à soupe d'huile

1 gousse d'ail, hachée

2 cuil. à café de gingembre frais râpé

1 poivron rouge, épépiné
   et finement émincé

24 crevettes tigrées crues,
   décortiquées et déveinées

1 poivron vert, épépiné
   et finement émincé

1 oignon, émincé

2 cuil. à soupe de sauce
   de soja claire

jus d'une orange

2 cuil. à café de vinaigre de vin

1 pincée de sucre roux

150 ml de bouillon de poisson

1 cuil. à soupe de maïzena

2 cuil. à café d'eau

rondelles d'orange, en garniture

1 Faire cuire les nouilles 1 minute à l'eau bouillante. Égoutter, rincer à l'eau froide et égoutter de nouveau.

2 Faire chauffer l'huile dans un wok et faire revenir l'ail et le gingembre 30 secondes.

3 Ajouter les crevettes et faire revenir 2 minutes. Retirer à l'aide d'une écumoire et réserver au chaud.

4 Ajouter les poivrons et l'oignon. Faire cuire 2 minutes. Ajouter la sauce de soja, le vinaigre, le bouillon de poisson, le jus d'orange et le sucre roux. Mettre les crevettes dans le wok et cuire 9 minutes.

5 Délayer la maïzena dans l'eau et ajouter la pâte obtenue au wok. Porter à ébullition, ajouter les nouilles et cuire 1 à 2 minutes. Garnir et servir.

nouilles sautées aux champignons

4 personnes

250 g de nouilles japonaises
    aux œufs

2 cuil. à soupe d'huile de tournesol

1 oignon rouge, émincé

1 gousse d'ail, hachée

450 g de champignons mélangés
    (shiitake, pleurotes, champignons
    noirs…)

350 g de pak-choi

2 cuil. à soupe de xérès doux

6 cuil. à soupe de sauce de soja

4 oignons verts, émincés

1 cuil. de graines de sésame grillées

CONSEIL

De plus en plus de variétés
de champignons sont en vente
dans les supermarchés. Il est
aujourd'hui facile de trouver un
bel assortiment. Vous pouvez
également utiliser
des champignons de Paris.

1 Mettre les nouilles dans une grande terrine, les recouvrir d'eau bouillante et laisser gonfler 10 minutes.

2 Faire chauffer l'huile de tournesol dans un grand wok préchauffé.

3 Faire revenir l'oignon rouge et l'ail 2 à 3 minutes, jusqu'à ce qu'ils soient tendres.

4 Ajouter les champignons et faire cuire 5 minutes, jusqu'à ce que les champignons soient tendres.

5 Égoutter soigneusement les nouilles.

6 Ajouter le pak-choi ou le chou chinois, les nouilles, le xérès et la sauce de soja dans le wok. Mélanger les ingrédients et faire cuire 2 à 3 minutes, jusqu'à ce que le liquide bouillonne juste.

7 Verser les nouilles sautées aux champignons dans des bols chauds et parsemer de rondelles d'oignons verts et de graines de sésame grillées. Servir immédiatement.

nouilles de riz au tofu et aux champignons

4 personnes

225 g de nouilles de riz
1 gousse d'ail, finement hachée
1 morceau de gingembre frais
    de 2 cm, haché
4 échalotes, finement émincées
80 g de champignons shiitake,
    émincés
60 g de tofu ferme, coupé
    en dés de 1 cm
2 cuil. à soupe de sauce de soja claire
1 cuil. à soupe de vin de riz
1 cuil. à soupe de nuoc mam thaï
1 cuil. à soupe de beurre
    de cacahuètes
1 cuil. à café de sauce au piment
2 cuil. à soupe de cacahuètes
    grillées concassées
2 cuil. à soupe d'huile d'arachide
feuilles de basilic, en garniture

1 Faire tremper les nouilles
15 minutes à l'eau chaude,
ou en suivant les instructions du paquet.

CONSEIL

Vous pouvez également utiliser
des champignons shiitake
en boîte, en les trempant
et en les égouttant
avant utilisation.

2 Bien égoutter les nouilles.
Faire chauffer l'huile dans un wok
et faire revenir ail, gingembre
et échalotes 1 à 2 minutes jusqu'à
ce que le mélange fonde et se colore.

3 Ajouter les champignons et faire
revenir 1 à 2 minutes. En
remuant, ajouter le tofu et secouer
pour le faire roussir légèrement.

4 Mélanger sauce de soja, vin de riz,
nuoc mam, beurre de cacahuète
et ajouter au wok.

5 Ajouter les nouilles et secouer
le plat pour qu'elles s'imprègnent
de la sauce. Parsemer de cacahuètes
concassées et de feuilles de basilic
et servir très chaud.

poulet chow mein

4 personnes

1 paquet de 250 g de nouilles
aux œufs moyennes

2 cuil. à soupe d'huile de tournesol

275 g de blanc de poulet cuit,
coupé en lanières

1 gousse d'ail, finement hachée

1 poivron rouge, épépiné
et finement émincé

100 g de champignons shiitake,
émincés

6 oignons verts, émincés

100 g de germes de soja

3 cuil. à soupe de sauce de soja

1 cuil. à soupe d'huile de sésame

1 Mettre les nouilles dans
une grande terrine et les casser
un peu. Couvrir les nouilles d'eau
bouillante et laisser tremper pendant
la préparation des autres ingrédients.

2 Faire chauffer l'huile de tournesol
dans un grand wok préchauffé.
Faire revenir les lanières de poulet,
l'ail, le poivron, les champignons,
les oignons et les germes de soja
environ 5 minutes.

3 Égoutter les nouilles. Les ajouter
au wok, bien remuer et faire cuire
encore 5 minutes.

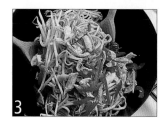

4 Verser en filet la sauce de soja
et l'huile de sésame sur le chow
mein et bien mélanger.

5 Verser le chow mein de poulet
dans des bols chauds et servir
immédiatement.

VARIANTE

Pour un plat végétarien, vous
pouvez aussi remplacer le poulet
par un assortiment de légumes.

sauté de cabillaud et de mangue aux nouilles

4 personnes

250 g de nouilles aux œufs

450 g de filets de cabillaud,
  sans la peau

1 cuil. à soupe de paprika

2 cuil. à soupe d'huile de tournesol

1 oignon rouge, émincé

1 poivron orange, émincé

1 poivron vert, émincé

100 g de mini-épis de maïs, coupés
  en deux

1 mangue, coupée en tranches

100 g de germes de soja

2 cuil. à soupe de ketchup

2 cuil. à soupe de sauce de soja

2 cuil. à soupe de xérès demi-sec

1 cuil. à café de maïzena

1 Mettre les nouilles
dans une grande terrine
et les recouvrir d'eau bouillante.
Laisser gonfler 10 minutes environ.

2 Rincer les filets de cabillaud
et les sécher avec du papier
absorbant. Couper le cabillaud
en fines lamelles.

3 Mettre le cabillaud dans une terrine.
Ajouter le paprika et bien mélanger.

4 Faire chauffer l'huile dans un grand
wok préchauffé.

5 Faire revenir l'oignon,
les poivrons et les épis de maïs
5 minutes environ.

6 Ajouter le cabillaud et la mangue
et faire cuire encore
2 à 3 minutes, jusqu'à
ce que le poisson soit tendre.

7 Ajouter les germes de soja
et bien mélanger le tout.

8 Mélanger le ketchup, la sauce
de soja, le xérès et la maïzena.
Ajouter dans le wok et cuire en remuant
de temps en temps jusqu'à
ce que le jus épaississe.

9 Égoutter soigneusement
les nouilles et en remplir des bols
chauds. Verser le sauté de cabillaud
et de mangue dans des bols et servir
immédiatement.